互联网金融
反欺诈的艺术

The Art of Fraud Prevention in Internet Finance

苏宁金融研究院 著

东北财经大学出版社
Dongbei University of Finance & Economics Press
大连

图书在版编目（CIP）数据

互联网金融反欺诈的艺术/苏宁金融研究院著. —大连：东北财经大学出版社，2018.10（2020.6重印）

ISBN 978-7-5654-3334-4

Ⅰ．互… Ⅱ．苏… Ⅲ．互联网络-应用金融风险防范-研究-中国 Ⅳ．F832.1-39

中国版本图书馆CIP数据核字（2018）第220456号

东北财经大学出版社出版

（大连市黑石礁尖山街217号　邮政编码　116025）

网　　　址：http://www.dufep.cn

读者信箱：dufep@dufe.edu.cn

大连图腾彩色印刷有限公司印刷　东北财经大学出版社发行

幅面尺寸：170mm×230mm　　　字数：197千字　　　印张：15

2018年10月第1版　　　　　　　2020年6月第2次印刷

责任编辑：李　季　刘　佳　　　　　责任校对：刘吉鑫

封面设计：张智波　　　　　　　　　版式设计：钟福建

定价：49.00元

教学支持　售后服务　联系电话：（0411）84710309

版权所有　侵权必究　举报电话：（0411）84710523

如有印装质量问题，请联系营销部：（0411）84710711

前 言

提起互联网金融欺诈，您可能会感到陌生，但对于在我国已存在20多年的电信诈骗，相信您一定很熟悉。

在那个诺基亚、摩托罗拉占领着手机市场，《开心辞典》和《非常6+1》等综艺节目霸屏的年代，谁不曾收到过几条这样的诈骗信息：

"恭喜您获得《开心辞典》抽奖活动机会，您获得了家庭梦想礼包二等奖，奖品包括惊喜奖金68 000元人民币与价值11 988元的三星X360-AA02笔记本电脑一台，拨打公司电话010××××领取奖品。《开心辞典》节目组"。

这样的诈骗短信，曾经不知成功欺骗了多少人。尤其是进入21世纪以来，电信诈骗的范围从沿海逐渐向内地延伸发展，诈骗手法也不断翻新，给很多人造成了损失。据统计，仅2008年，北京、上海、广东、福建这四个省市的居民，因电信诈骗造成的损失就近6亿元。

但随着时间的推移，经过执法机构与媒体的广泛宣传，大家对这些短信形式的中奖电信诈骗都有了一定的免疫力，不会再轻易上当。一向精于钻营的诈骗分子则随之改变策略，采用内容更丰富、形式更灵活的互联网渠道进行金融诈骗。

那么，在互联网环境下的金融欺诈都有哪些常用手法呢？普通人又如何绕过这些陷阱呢？

这就是本书将要给出的答案。

《孙子兵法》云："知己知彼，百战不殆。"在了解互联网金融欺诈的具体手法之前，我们应该先了解一下它的来历：

电信诈骗和互联网诈骗都起源于"社会工程学"（Social Engineering）。在20世纪60年代，社会工程学作为正式学科出现，广义定义是：建立理论并通过自然的、社会的和制度上的途径，逐步解决各种复杂的社会问题。后来经过多年的应用发展，社会工程学逐渐产生分支学科，如公安社会工程学和网络社会工程学。而诈骗分子却利用其中的原理与技术，构造诈骗陷阱，牟取非法收益。

为了帮助大家有效规避诈骗陷阱，本书在筛选案例素材的时候，不仅考虑了案例覆盖的广度，还顾及了各种案例涵盖的心理攻击技巧。

通过这些案例，我们详细解析了诈骗分子在各种场景下是如何利用普通人的心理弱点一步步构造陷阱诱导人上当的。

您读完此书会发现，它不只是一本案例汇总，也不只是一本防骗操作说明，而是一本综合了案例、作案手段分析、欺诈心理学分析和防骗技巧的实战指南，对您保护自己和家人的财产安全与信息安全大有裨益。

苏宁金融研究院

2018年9月

目 录

第 1 章

个人征信类

征信报告居然也会出错！
这些补救方法您一定要知道

随着芝麻信用、腾讯征信的发布，大家越来越感受到个人信用在日常生活中的重要性，良好的个人征信可以免押金住酒店、租房、骑共享单车，甚至还可以得到很高的贷款额度以及极低的贷款利率。

而在千千万万、五花八门的个人征信产品中，央行征信报告是最具权威的，也是各大银行和贷款机构最看重的征信数据源。所以，如果您的央行征信报告中"多出"了一些不良记录，那可能你的买房、买车、迎娶"白富美"的美好梦想全部都要玩完。

对，你没看错，此处苏宁金融风控妹说的是"多出"了不良记录，也就是说央行征信报告出错了！出错是指征信报告中的记录与事实不符合。比如，您按时足额还了信用卡、按时足额缴纳了房屋贷款，但是央行征信报告却有记录显示您的信用卡或房屋贷款逾期。

What？央行征信报告也会出错！

当然会出错！所有数据会从不同机构报送到征信系统，过程长、环节多，中间很有可能出现错误，常见的错误包括：自身填写信息有误、客户经理录入错误、放贷机构数据处理有误、征信中心整合数据有误等。当然随着数据收集与处理自动化程度的提高，此类错误也会越来越少的。

出错了是花钱改还是找征信中心改？

对下面的截图你一定不陌生，网络上很多类似的广告或服务提供商声称可以帮助修复信用记录、代销征信记录，也就是俗称的"铲单广告"。那花了钱是不是就可以实现征信修复呢？参见下图：

当然不能！央行表示，放贷机构会直接将征信记录报送征信中心，征信中心匹配整合同一个人来自不同机构（放贷机构、公用事业单位等）报送的数据。当发生错误时，相应报送数据的机构须直接修改数据并重新报送征信中心。所以，不仅无任何授权的第三方服务提供商，就连征信中心也不能自行修改、删除数据。

到底找谁改，怎么改？

有两种渠道可以对个人信用报告中的错误或遗漏信息提出异议申请：一种是业务经办机构；一种是征信中心（分中心）。

什么叫业务经办机构？就是错误的数据是哪里出的，就去哪里申请修改。举个例子：如果是个人电信缴费信息错误，就可以去电信公司提出异议申请；如果是个人养老保险或住房公积金记录有错，就可以向当地社保或公积金经办机构提出异议申请；如果是房屋贷款或者信用卡信息有错，就要去你的放贷或发卡银行提出异议申请。

无论去哪里申请异议处理，都必须携带本人有效身份证原件，如果是向征信中心提出申请还要填写个人征信异议申请表，在中国人民银行征信中心官网可以直接下载，当然也可以委托他人帮助办理。

异议申请受理后怎么办？当然是耐心等待了，征信中心会联系提供异议信息的商业银行进行核查，并于受理异议申请后的20日内回复异议申请人。但实际上可能不需要这么长时间，目前的平均处理时间是十几天，这也是要看人品的。到规定日的20日后，异议申请人可到征信分中心领取回复函。

为什么处理异议需要20天？因为业务经办机构要找到原始凭证进行核对，需要经过层层审查，需要的时间很长。

异议处理结果有哪些？一般而言有两种：信用报告与实际情况不符，更正信用记录；信用报告与实际情况相符，保持信用记录不变。

对异议处理结果仍然不满意怎么办？那你还有三招可以用：（1）声明：向征信中心申请在信用报告中添加"本人声明"，说明情况，声明方法同样在央行征信中心官网可以查到；（2）投诉：向当地人民银行征信管理部门或金融消费者权益保护部门投诉，可以在30日内收到反馈；（3）诉讼：向有管辖权的法院起诉，通过司法程序解决诉求。

最后，衷心地希望各位亲不要征信出错，如果遇到也不要慌张，按照上述步骤，最终个人信用报告是可以修复的。可能有人会说不知道去哪里查看个人信用报告？查出来也不知道去哪里看不良记录，那请继续关注我们的"苏宁财富资讯"公众号，风控妹后续会——解答的。

资料来源：鲁岑. 征信报告居然也会出错！这些补救方法您一定要知道［EB/OL］.［2017-08-27］. http：//www.sohu.com/a/167876165_467143.

征信报告居然这么重要！
可是你知道如何自查吗？

就在一年多前，风控妹第一次听说"征信报告"的时候，也是脸上写满了问号，并不知道这跟我有什么关系，更别说去自查了。前不久，一位好友因为征信不良，房贷申请被拒了，由此我认识到了征信对我们每个人的重要性。

征信报告有多重要？

征信报告就是"经济身份证"，是让银行可以信任、贷款、发信用卡给你的有力证据。

良好的征信报告不但可以帮你快速获得贷款，还可以享受到较低的利率，而不好的信用报告可能直接导致贷款无法获得审批，即使审批成功也极可能利率较高。

所以，自查征信报告的重点就是——确认查询记录中的信息与自己的实际行为是否相符，发现问题尽早解决，防止在你需要申请贷款和信用卡的时候耽误你的事儿。

啥时候查合适？

2014年1月14日颁布的《征信业管理条例》第十七条规定：个人一年有2次可以免费查询的机会。

在你向银行申请贷款或信用卡之前，最好提前2个月以上自查一下征信记录，如果发现有错误及时提起异议处理，因为异议处理需要20天左右的时间才会有结论，而记录在征信报告中生效也需要一段时间，2个月是为了给自己的征信记录修改留足时间。

即使不申请贷款和信用卡，风控妹还是建议每年至少应查一次征信报告，方便及时发现问题、解决问题。

去哪里查？怎么查？

个人查询征信报告的渠道有现场查询和网上查询两种。下面详细做个介绍：

1.现场查询：在央行征信中心查询网点进行现场查询。

（1）必备材料：个人有效身份证和个人信用报告本人查询申请表。

（2）具体方法：各地查询网点地址信息可以在央行征信中心官网（网址：http：//www.pbccrc.org.cn/zxzx/lxfs/lxfs.shtml）查询，也可拨打电话：4008108866查询当地机构地址。目前，全国共有200多个查询点，一般来说，各地的市政务服务中心都会提供征信查询服务。

下图就是央行征信中心的查询点介绍，以江苏省为例，覆盖了盐城、镇江、泰州、宿迁等13个城市。

全国各征信分中心及查询点联系方式

北京市分中心 ［详细］

上海市分中心 ［详细］

天津市分中心 ［详细］

重庆市分中心 ［详细］

辽宁省分中心 ［详细］

江苏省分中心 ［详细］

　南京市

　南京市政务服务中心

　地址：南京市江东中路265号

　电话：025-68505335

（3）如果在外出差临时需要征信报告怎么办呢？很简单，就在当地查！个人信用信息基础数据库的网络覆盖全国各地，无论在哪都可以到所在地的中国人民银行分支机构查询。

（4）能帮家人或朋友查信用报告吗？对爸妈这代人来说，听过"征信"的没几个，但随着房价飞涨，父母们买房也可能面临着房贷问题，自然就要与征信报告打交道。作为儿女，我们很想帮父母弄清楚这些事情，但征信报告属于个人信息，在没有得到他人授权的情况下，个人是无权查询他人信用报告的，即使是自己的亲爸亲妈。这又该怎么办呢？只要请当事人签署授权委托书并经过公证处证明+委托人和代理人的有效身份证件原件和复印件+个人信用报告本人查询申请表，就可以去央行征信中心查询点代查征信报告了。

2.网上查询：相比现场查询的地理位置和时间限制，网上查询更方便。

（1）查询网址：登录征信中心官网 https：//ipcrs.pbccrc.org.cn/，参见下图：

通过"互联网个人信用信息服务平台"实名注册后，申请查询您的个人信用信息产品，包括：个人信用信息提示、个人信用信息概要、个人信用报告。

为了保证用户信用信息安全，央行的注册过程比较复杂，采用银行卡验证、数字证书验证、问题验证等多种验证方式，具体操作流程见 https：//ipcrs.pbccrc. org.cn/html/help_center5.htm。

需要注意的是，如果选择银联卡验证，银行卡身份验证功能支持的银行卡须开通银联在线支付功能。经苏宁金融风控妹亲测，注册账户需要7个步骤大约10分钟。注册完毕后重新登录，选择个人信用信息产品，提交查询申请（参见下图）。

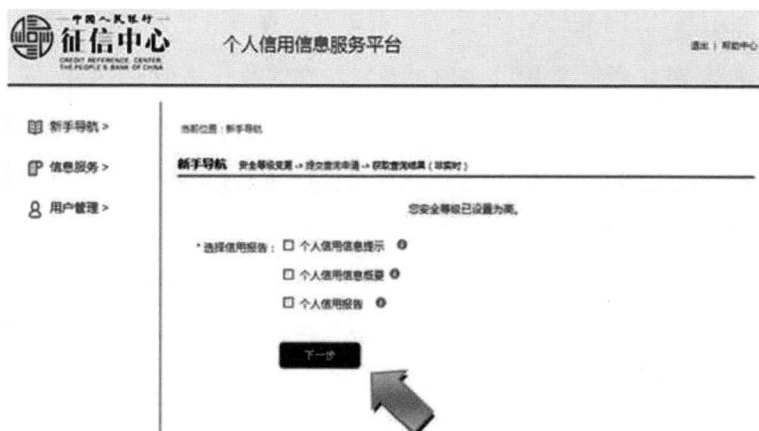

美中不足的是，查询结果并非实时的，需要等待24小时后，再登录平台，点击"信息服务"—>"获取查询结果"，再输入平台发送到用户手机上的身份验证码，就可以查看选择的信用信息产品的输出了。

下图是人民银行征信官网给的信用报告的样例，供参考：

（2）2次查询机会用完了还想查怎么办？

按照《征信业管理条例》和《国家发展改革委关于中国人民银行征信中心服务收费标准有关问题的批复》（发改价格〔2016〕54号）规定：中国人民银行征信中心自2016年1月15日起，个人到柜台查询自身信用报告，每年第3次起的收费标准由每次25元降低至10元，通过互联网查询及每年前2次到柜台查询继续实行免费。

鉴于此，风控妹建议：个人查询征信报告最好不要选择征信代查，不仅收费高，查询途径也不好确定，可能会给自己的征信记录增加危险。

最后，通过一个重点回顾结束本文：（1）一年2次免费查询征信报告的机会要抓住；（2）查询方法尽量选择网上，因为这样更加自由，不受地理位置和时间的限制；（3）征信报告最好不要选择征信代查，以免给自己的征信记录增加危险。

资料来源：鲁岑. 征信报告居然这么重要！可是你知道如何自查吗？[EB/OL]. [2017-09-03]. http://caifuhao.eastmoney.com/news/20170903110542154212 9890.

你可能已经上了征信 "灰名单"！99%的人不知道

前不久，风控妹给大家讲了作为一个摸着良心过日子的老实人，该如何通过正常渠道提升自己的信用卡额度。

其实，除了信用卡，现在还有很多民营金融机构提供丰富的现金贷产品，如腾讯金融的微粒贷、苏宁金融的任性贷等。

随着更多的现金贷产品不断进入市场，大家逐渐对"黑名单""白名单"等词汇越来越熟悉，也知道一旦上了黑名单，无论是申请信用卡还是在其他金融机构申请贷款都会被拒。

但很多人不知道的是，征信还有"灰名单"。一旦你上了灰名单，也有很大可能会被拒贷呢！

来，先看一则网友的发帖：

从帖子来看，灰名单不但真实存在，而且真的会给用户造成拒贷。今天，风控妹就给大家剖析下，征信灰名单是什么，有什么作用，什么行为会上灰名单，该如何解锁灰名单？

征信灰名单是什么？

简单来说，灰名单就是介于白名单和黑名单之间的名单。

黑名单，是指由于用户有不良的信用记录，金融机构对此类用户无论申请信用卡还是贷款都会直接拒绝，而且金融机构会上报央行，被央行记录在案。灰名单相对而言被拒程度低很多，一般指金融机构检测出了该用户过往或现在有"敏感行为"，而这些行为在金融机构的历史记录或大数据上往往与失约存在一定的相关性，即存在一定的失约风险。

征信灰名单有什么作用？

一旦上了灰名单，在申请贷款的时候就会被信审高度关注，信贷申请会经历更加严格的审查，比如需要电核、面核等，而且被拒的概率很大。

所以，灰名单虽然不会被央行记录，但在很大程度上会直接造成信用卡申请失败或贷款被拒。

哪些行为会上灰名单？

（1）**习惯性逾期。** 有些人可能觉得逾期个一两天还信用卡不是什么大事，或者真的很忙总是记不住还信用卡的日子，逾期大不了就是被客服催一下，催了我再还上，也不会有什么影响。殊不知，如果长期有逾期行为，不但会引起借款平台的担心，降低你的借款额度，还会上征信，最终造成拒贷款。

（2）**不上征信的网贷就随意申请。** 虽然这些网贷公司不上征信，但是你的某些行为会被大数据记录在案，如果申请太多就会被怀疑借款用意是不是拆东墙补西墙，贷款被拒也就难免了。

（3）**多头借贷**。买买买的欲望过于强烈，总感觉钱不够用，于是同时在多家机构申请贷款，或利用"时间差"在不同平台申请网贷，以为自己可以拿到很高的额度，但你可能不知道，不同网贷平台会共享信息，这样不但会触发金融机构风控规则被判定为多头借贷，还会把自己的征信报告查花，而被金融机构直接划入灰名单。

（4）**短时间内频繁申请信用卡**。这与频繁申请贷款没有区别，也会被认为是极度缺钱的用户。

（5）**通过多家中介代办**。中介拿到你的信息就会集中反复去各大机构录入你的信息，这样你就会被征信大数据标记为"极度饥渴型客户"，被打上这个标记，你的贷款申请会变得越来越难，所以，尽量不要将自己的信息给贷款中介。

（6）**被判定为有骗贷倾向**。当然，大家并不想去骗贷，可是风控大数据会分析你的行为，解读出一些倾向。比如，借款用途不明确或与事实不符，手机号没有实名认证、手机号使用时间短于3个月等，都会被认为放款风险系数高而被暂时放进灰名单。

（7）**有高额借款历史**。一些申请人曾经有过高额借款历史，即使已经还清，也会被金融机构重点考察，这些一般都是遇到无法处理的情况或者涉及不良背景的人才会出现的情况。无论他们是否还清借款都会被认为有风险。

（8）**频繁查征信报告**。在个人信用报告中，查询记录包括查询日期、查询操作员、查询原因等内容，它们是银行的重要参考项，但如果查询记录过多，就会影响金融机构对客户的信用评定及放贷。不过，需要解释的是，个人信用报告的查询原因分为本人查询、信用卡审批、担保资格审查、贷后管理、贷款审批、异议查询等。其中信用卡审批、担保资格审查、贷款审批按风险要素属于负面类，这类查询记录过多会产生不利影响。本人查询不算在内。举个例子，如果一段时间内，信用报告因为贷款、信用卡审批等原因多次被不同的银行查询，但查询记录却显示该段时间内，用户没有得到新贷款或成功申请信用卡，就说明该人财务状况不佳，是否审批放款，金融机构就要考虑了。

如何脱离灰名单？

如果真的发现自己上了灰名单，也不要担心，因为灰名单都是有一定时间期限的，各家金融机构有所不同，大多是一个月到一年不等。

首先，你可以去相应机构询问自己上灰名单的具体原因，是不是有自己遗忘的、含有逾期的信用卡等等。

其次，好好维护自己的信用记录，不再产生上述不良行为，相信过了银行的观察期，你就会从灰名单中被删除。

最后，风控妹真情提示：个人信用直接影响我们的贷款担保、个人购车、申请信用卡甚至是求职等生活的方方面面。为此，一定要关注自己的信用，信用一旦被影响，养信用可是比养卡还要难。

资料来源：鲁岑. 你可能已经上了征信"灰名单"！99% 的人不知道 [EB/OL]. [2017-08-06]. http: //www.sohu.com/a/163703248_99953512.

拿到个人征信报告读不懂？
看完这篇解析，你也能成专家！

随着蚂蚁借呗、苏宁任性贷、腾讯微粒贷等个人信用贷款的普及，大家对个人信用报告的关注越来越高。央行也给我们提供了非常方便的线下线上查询方法，无论是爱上网的夜猫子还是柜台服务的忠实爱好者，都能找到自己合适的查询渠道。

然而，我们当中的大多数人，拿到征信报告后却悲哀地发现——读不懂！

今天，风控妹就来手把手教你解读个人版央行征信报告。

个人信用报告有三个版本

个人信用报告分为3个版本：个人版、银行版、社会版。央行官网对它们分别做了解释：

1.个人版：供消费者了解自己的信用状况，主要展示了信息主体的信贷信息和公共信息等。包括个人版和个人明细版。

2.银行版：主要供商业银行查询，在信用交易信息中，该报告不展示除查询机构外的其他贷款银行或授信机构的名称，目的是保护商业秘密，维护公平竞争。

3.社会版：供消费者开立股指期货账户，此版本展示了你的信用信息，主要包括个人的执业资格记录、行政奖励和处罚记录、法院诉讼和强制执行记录、欠税记录、社会保险记录、住房公积金记录以及信用交易记录。

从央行解释的可知，你自查拿到的征信报告和贷款审批机构看到的，是不一样的！

为保护个人征信隐私，银行所查询的个人信用报告对非同行的其他机构发放的贷款、贷记卡及查询机构都做代码处理，而不直接注明相关机构名称。而个人向央行申请查询得到的信用报告会显示其名下贷款及贷记卡的明细，查询记录均直接注明发放或查询的机构全称。

另外还有一个重要不同，那就是信贷记录的详细程度

银行版详细记录了信贷交易信息明细，包括：**贷款记录**（名下各贷款明

细、发放时间、贷款金额、最近2年还款逾期记录等）；**贷记卡、准贷记卡记录**（名下各贷记卡明细、准贷记卡明细、开卡时间、授信金额、最近2年还款逾期记录）。

而个人版只提供：**信息概要**（信用卡、住房贷款、其他贷款的账户数、未结清/未销户账户数、发生过逾期的账户数、90天以上逾期的账户数、为他人担保笔数）；**信用卡和住房贷款**（发生过逾期的账户及最近5年内的逾期概况，只说明逾期次数，并没有明细记录）。

手把手教你读懂信用报告

今天我们要解读的对象就是个人版信用报告。先来看看个人版信用报告的组成结构：

部分名称	主要内容
报告头	报告编号、查询时间、查询基本信息
信贷记录	信用卡、贷款、担保信息和其他信贷记录的信息
公共记录	最近5年欠税、民事判决、行政处罚、电信欠费记录等
查询记录	被查询人的信用报告最近2年内被查询的记录
说明	报告中信息的说明与征信中心的免责条款

下面详细介绍各个部分该如何解读。

（1）报告头。直接看下图相信大家都能懂。其中，报告编号前8位数字表示信用报告生成的年月日，后14位数字表示信用报告的流水号；个人信息比较简单，只有姓名、证件类型与号码、婚姻状况。

报告编号：20101130030000014210351   2010.11.30 09：30：15   报告时间：2010.11.30

姓名：欧是冠军   证件类型：身份证   证件号码：4101051975 0324XXXX   已婚

（2）信贷记录。这部分是信用报告里的信息关键，信息概要中描述了你所有的信用卡、住房贷款和其他贷款的账户总数、有过逾期的账户数、为他人担保的笔数等汇总信息（参见下图）。

信贷记录

这部分包含您的信用卡、贷款和其他信贷记录。金额类数据均以人民币计算，精确到元。

信息概要 逾期记录可能影响对您的信用评价。

	资产处置信息		保证人代偿信息
笔数	1		2

	信用卡	住房贷款	其他贷款
账户数	7	3	4
未结清/未销户账户数	4	2	3
发生过逾期的账户数	4	1	1
发生过90天以上逾期的账户数	4	0	0
为他人担保笔数	0	0	1

资产处置信息

1. 2010年11月8日东方资产管理公司接收债权，金额400,000。最近一次还款日期为2011年1月8日，余额20,000。

保证人代偿信息

1. 2008年10月5日富登融资租赁担保公司进行最近一次代偿，累计代偿金额400,000。最近一次还款日期为2011年1月8日，余额20,000。
2. 2009年6月21日平安保险公司进行最近一次代偿，累计代偿金额200,000。最近一次还款日期为2011年4月5日，余额135,000。

在此，有必要对信用卡的账户数补充解释一下——很多人都有申请外币卡或为自己爱人申请副卡的经历，那账户数到底该怎么算呢？

如果双币种卡一卡对应人民币和美元两个账户号，就算2个账户；如果是一个账户号对应主卡副卡各一张，那账户数还是只算1个。

所以，当账户数与手中的卡数对不上的时候，需要先对照上面看下自己卡的实际情况。

信息概要下面是信用卡、贷款和担保信息的明细信息，包括发卡银行、信用卡类型、信用额度和逾期详细信息等。

其中，信用卡账户的详细信息会把逾期、超过60天逾期（严重逾期）和未逾期分类显示，如果你的报告"逾期和超过60天逾期"信息（黑框部分）很丰富就需要高度重视了。如果想从银行申请信用卡和贷款，必须先把逾期账户结清，证明你不是成心要赖掉。然而，即便把逾期账户结清了，报告也会显示你的账户曾经有逾期。所以，一份良好的个人信用报告不是一天炼成的，需要我们时刻保持警惕。

（3）公共记录。公共记录主要显示被查询人的非金融类负面信息，比如欠税、民事判决、强制执行记录、行政处罚记录和电信欠费信息等（参见下图）。其中尤其要注意"电信欠费记录"（见下图黑框位置）。

风控妹在此提醒大家：不要欠费停机就不管了，如果手机号不打算继续使用了，一定要在将话费缴足后，跟运营商报备注销该手机号。如果不注销，运营商在一定时间内会继续计费。千万不要为了一点电话费损害了自己的征信记录，最后导致买房贷款申请失败，做捡了芝麻丢了西瓜的傻事。

（4）查询记录。最近2年内都有谁、在什么时间、为什么查询你的个人信用报告，通通都会显示在信用报告中，自己用互联网查询的记录会在查询记录表下方单独列出。

一般情况下，查询原因会有下面几种情况：贷款审批、信用卡审批、担保资格审查、贷后管理、本人查询和异议查询。

当你拿到信用报告后，一定要仔细确认查询方是不是你申请过信用卡或贷款的金融机构，如果出现了你一点印象都没有的机构查询过你的信用报告，那一定要向央行各线下网点提起异议处理。

这部分包含您最近5年内的欠税记录、民事判决记录、强制执行记录、行政处罚记录及电信欠费记录。
金额类数据均以人民币计算，精确到元。

欠税记录

主管税务机关：北京市东城区地税局	欠税统计时间：2007年10月
欠税总额：500	纳税人识别号：12485

民事判决记录

立案法院：北京市西城区人民法院	案号：(2007)京民一初字第00056号
案由：离婚纠纷	结案方式：判决
立案时间：2007年1月	判决/调解结果：被告张三赔偿原告李四人民币420,000。
诉讼标的：房屋买卖纠纷	判决/调解生效时间：2007年4月
诉讼标的金额：500,000	

强制执行记录

执行法院：北京市西城区人民法院	案号：(2007)京民一初字第00059号
执行案由：离婚纠纷	结案方式：执行结案
立案时间：2007年6月	案件状态：执行完毕
申请执行标的：房屋	已执行标的：房屋
申请执行标的金额：420,000	已执行标的金额：420,000
结案时间：2007年8月	

行政处罚记录

处罚机构：北京市东城区地税局	文书编号：地税罚字[2007]第7号
处罚内容：扣缴税款	是否行政复议：否
处罚金额：500	行政复议结果：无
处罚生效时间：2007年5月	处罚截止时间：-----
处罚机构：湖南省建设管理服务中心	文书编号：HN0923456-CF
处罚内容：暂扣或者吊销许可证、暂扣或者吊销执照	是否行政复议：-----
处罚金额：-----	行政复议结果：-----
处罚生效时间：2007年8月	处罚截止时间：2007年12月

电信欠费信息

电信运营商：中国移动	业务类型：固定电话	记账年月：2008年10月
业务开通时间：2007年6月	欠费金额：500	

资料来源：鲁岑. 拿到个人征信报告读不懂？看完这篇解析，你也能成专家！[EB/OL]. (2017-10-04). http://www.sohu.com/a/196206054_371463.

看完这份银行版个人征信报告解读，你将避开很多信贷坎坷

现在个人征信是越来越重要了，一不小心有个逾期缴费，很可能就会在未来的某一个时间影响你的房贷、车贷。

这可不是危言耸听！不信，看一下银行在给你批贷前从人民银行查询的那份详细到无法想象的征信报告，你就懂了。

首先，来看看银行版征信报告和个人版本分别有哪些组成部分？具体参见下图：

银行版征信报告组成部分	个人版征信报告组成部分
报告头	报告头
公安部身份信息核查结果	信贷记录
个人基本信息	公共记录
银行信贷交易信息	查询记录
非银行信用信息	说明
本人声明及异议标注	
查询历史信息	
说明	

上图粗体部分，都是仅存于银行版征信报告的内容，具体包括：公安部身份信息核查结果、个人基本信息、非银行信用信息和本人声明及异议标注部分。

可见，银行版征信报告确实比个人版征信报告丰富很多。

现在，苏宁金融的风控妹就给大家详细解读下银行版征信报告的各个组成部分。

公安部身份信息核查结果

因为银行需要校验信用卡申请人填写的身份证号和名字的真实性。如果申请人填写的身份证号与在公安系统中查询得到的名字与申请人名字不一样，那就证明该申请人在盗用他人的身份信息，申请肯定是会被拒的！

而且，公安部公民信息共享平台的身份信息，不仅包括身份证号和姓名，还有身份证照片，可以帮助银行准确判断申请人的身份真伪。

个人基本信息

客户本人的一些基本信息，包括身份信息（含出生日期、婚姻状况、手机号码、单位电话、住宅电话、学历、学位信息）、配偶信息（配偶姓名、证件类型、证件号码、工作单位、联系电话）、居住信息（含过往居住地址、居住状况）、职业信息（过往工作单位及单位地址）。信息比个人版征信报告详细很多，个人版征信报告只有姓名、身份证号、婚姻状况。

需要提醒的是：某些信息对银行判断借款人的收入能力、还款能力还有稳定性，都有很大的参考价值，所以银行会重点关注，但总有人为了得到高额度而造假工作经历或其他信息，这样无疑是给自己埋了一颗定时炸弹，因为在未来的信用社会，征信也会与应聘打通，此类不诚信行为很可能让招聘单位将你拒之门外！

银行信贷交易信息

首先是信息概要，包括信用提示（就是贷款和信用卡的汇总信息）；逾期及违约信息概要（就是贷款及贷记卡逾期数量、月数、逾期最高金额等）；授信及负债信息概要（就是未销户贷记卡、准贷记卡数量、授信总额、透支余额等信息）。

（1）什么是呆账信息？

呆账信息是指已过偿付期限，催讨了也没能收回，长期处于呆滞状态，有可能成为坏账的款项。如果你的征信报告中出现呆账记录，那你的信用卡申请几乎会被所有的银行拒绝。

（2）贷记卡是啥？准贷记卡又是啥？

大家一定知道信用卡是啥，其实贷记卡、准贷记卡只是信用卡的两类。

贷记卡是指发卡银行给予持卡人一定的信用额度，持卡人可在信用额度内先消费后还款的信用卡。

准贷记卡是指持卡人须先按发卡银行要求，交存一定金额的备用金，当备用金余额不足支付时，可在发卡银行规定的信用额度范围内透支信用卡，利息从透支之日起算。

这两者的重要不同点在于：贷记卡账户有免费还款期，而准贷记卡账户没有。

（3）已经把逾期欠款还上了，不良记录还要跟我多久？

新版征信报告中的不良信用记录会跟随五年，"五年"是从借款产生不良信用后还清欠款的那天算起。比如，2017年7月你的信用卡有逾期发生，你是2017年8月份及时还上的，则到2022年8月份，该条不良信用才会自动消除；如果你拖到2020年1月还清，则从2020年1月算起，要到2025年1月，该条不良信用才能自动消除。

信贷交易信息明细

信贷交易明细包括：贷款记录（名下各贷款明细、发放时间、贷款金额、最近两年逾期还款记录等），贷记卡，准贷记卡记录（名下各贷记卡、准贷记卡明细、开卡时间、授信金额、最近两年逾期还款记录）。

还款记录中的标识符，N 代表正常还款，数字 1/2/3······7 代表逾期程度，最高是 7。也就是说，如果你有一笔还款逾期，会从 1 开始，继续不还就变为 2，一直不还最终会变成 7，达到 7 之后就不会再提高了。但达到 7 后，任何一家银行都不敢再贷款给你了。

非银行信用信息

非银行信用信息是指个人征信系统从其他部门采集的、可以反映客户收入、缴欠费或其他资产状况的信息。具体包括最近 5 年内的欠税记录、民事判决及强制执行记录、行政处罚记录及电信欠费记录等。

本人声明与异议标注

本人声明就是客户本人对征信报告中某些无法核实的异议所做的说明。

异议标注就是征信中心异议处理人员针对征信报告中的异议信息所做的标注，或因技术原因无法及时对异议事项进行更正所做的特别说明。

本人声明

编号	声明内容	添加日期
1	本报告不太准确哦	2014.12.01

异议标注

编号	标注内容	添加日期
1	这个哦，再议吧	2014.03.13

查询历史展示

查询历史展示分为两部分：一部分是查询记录汇总（包括个人征信报告最近1个月内的查询机构数、查询次数，最近2年内的查询次数）；另一部分是信贷审批查询记录明细（包括最近2年内的查询日期、查询操作员、查询原因等）。

查询记录汇总

最近1个月内的查询机构数		最近1个月内的查询次数			最近2年内的查询次数		
贷款审批	信用卡审批	贷款审批	信用卡审批	本人查询	贷后管理	担保资格审查	特约商户实名审查
1	0	2	0	0	3	0	0

信贷审批查询记录明细

编号	查询日期	查询操作员	查询原因
1	2015.07.30	中国工商银行/fenglei	贷款审批
2	2015.07.29	中国工商银行/fenglei	贷款审批

值得注意的是，如果发现有机构在未授权的情况下查询了你的征信，一定要提出异议申请，央行会彻查该机构的查询原因并最终给出结论，如果确认是机构非法查询还会受到处罚。因为你的征信报告如果显示被多家贷款和信用卡审批机构查询，就说明你是一个很缺钱的人，很可能无法正常还款，为了控制风险，银行很有可能会拒绝你的申请。

另外，也劝大家用好自己手中的信用卡，**适度消费，即时还款，不要任性地向多家银行随意申请信用卡，自己够用就好**。

资料来源：鲁岑. 看完这份银行版个人征信报告解读，你将避开很多信贷坎坷［EB/OL］.（2017-11-05）. http://www.weiyangx.com/266613.html.

征信被查多次申请房贷遭拒！
很多征信污点之坑如何避开？

前不久，因个人征信被查次数太多导致按揭贷款遭拒的新闻上了头条。

凤凰網财经 离用户最近的财经媒体

| 财经首页 | 宏观 | 股票 | iMarkets | 科技 | 理财 | 炒股大赛 | 超市 | WEMONEY | 财 |

| 股票 | 自选股 | 资金流向 | 理财超市 | 代码拼音 | | 投顾产品 |

上证指数	深证成指	创业板指数	沪深300
3369.69	11288.61	1905.58	3884.50
-4.69 | -0.14%	24.34 | 0.22%	15.74 | 0.83%	2.29 | 0.06%

7x24：白宫：美国总统特朗普将与美国前国务卿基辛格

买房者哭诉：征信被查次数多 按揭贷款遭拒

· 炒房客：撑不住了快 再继续调控只能割肉了
· 量缩之后是价跌：房价下跌城市或将再扩围

连环话

特朗普大选时承诺的政策如何了

看到这个消息，风控妹真心心疼这位同学，停止敲键盘1秒钟……

这种事情，发生在别人身上叫故事，发生在自己身上就是事故。

房屋按揭贷款被拒很可能带来一连串的负面效应：房价继续上涨，好不容易攒齐的首付瞬间只够7成->房租继续上涨导致生活质量直线下降……

想到这里，我已经全身不住地颤栗，不敢再想！

今天，就认真给你们讲讲导致你贷款遭拒的"征信报告污点"。除了人们常说的**还款逾期**和现在很火的**被查次数过多**，还有哪些？我们该怎么做才会完美避开这些坑，实现我们成功贷款买房买车，过上幸福生活的小心愿。

先来看一下，有些人没贷过款也会征信不良的几种可能性。相信大家认真读完后，一定可以完美绕开"征信报告污点"那些坑。

"我没用过贷款，但被查次数多"

（1）先看看头条中这位同学，有很多笔贷款根本就没有提取，也就是我们常说的"我根本没有贷过款啊"，但是你申请贷款的时候审核机构是需要查询你的征信报告的，并且向人民银行上报查询原因是"贷款申请"，之后无论该笔贷款是否被提取，被查记录都不会消失。如果你连续在多个贷款机构申请贷款，那这些被查记录就会成为你的征信污点，在申请房贷的时候被判为疑似首付贷，申请普通贷款也会被认为是最近急需用钱。

所以风控妹真心提醒，**贷款申请要谨慎，不要图一时爽快耽误房屋按揭的大事。**

（2）被查次数多还有一种可能就是身份被盗用，随着互联网的普及，个人信息泄漏的场景越来越多，不法分子获悉我们的个人信息并拿去申请贷款，我们的征信报告也会出现多次被查记录。面对这种情况，有效的避免方法就是定期查询征信报告，并着重看查询记录一栏，发现异常记录及时向人民银行有关机构提起异议处理。

另外需要提醒的是，保护好个人身份证和复印件，复印件交给其他人时写明"再次复印无效"或者"仅用于xxxxx"，避免被他人盗用。

"哥们儿找我做担保，必须答应"

友谊很重要，但贷款这事是不能只看感情的。贷款是否给你放款主要关注两点：一是还款意愿；二是还款能力。征信报告中任何威胁到这两点的信息都会直接影响贷款审批。而为他人担保也是会记录在征信报告中的，一旦被担保人无法正常还款，你的征信报告就会多一条不良记录，所以，在答应亲友的贷款担保前，要全面权衡下亲友的还款能力哦。

"经常看到电费催缴单，我才想起来去交"

殊不知，日常生活中的生活缴费也是会被纳入到个人征信系统中的，所以经常性地发生缴费逾期也会让银行误以为你是一个还款意愿不强的客户，从而拒绝你的贷款申请。但风控妹也经常记不住这个月是否该缴水电费了，还好有苏宁金融APP提供的生活缴费服务，只需要动动手指就可以完成缴费，还有50元话费券可以拿。这样不用跑银行还赠话费券，是不是很划算呢？而最重要的是你离良好征信报告又近了一步！

以上都是非贷款项可能产生的征信污点，如果你们已经有贷款就更要注意了，按时还款是必需的，还要注意利率的变化，如果国家基准利率有上调，一定要多存入一点钱，防止还款额不足的情况出现。

资料来源：鲁岑. 征信被查多次申请房贷遭拒！很多征信污点之坑如何避开？［EB/OL］.（2017-11-26）. http：//money.qq.com/a/20171126/003436.html.

个人信用居然和居所地址息息相关！知道真相的我，惊呆了！

近几年，随着90后、00后逐渐成为新的消费主力，超前消费逐渐成为一种消费趋势，特别是在3C产品的消费上，各种消费贷款、分期等成为年轻人提前消费的支付手段。

那么，在进行消费贷款时，贷款公司在贷款准入、额度批准上是如何把控的呢？**最直接的方式是看你的信用，即还款能力。**

信用的评估基本上通过征信报告即可，那还款能力的估算仅仅通过申请时填写的工作单位、收入信息就可以了吗？显然不是。

你填写的家庭住址、居住地址其实已经能够反映出你的还款能力了。这是怎么做到的呢？

不管是购买还是租住的小区，都是有成本的，高房价同时意味着高租金。因此，不管你是租房还是自购房，不同的小区在一定程度上已经标识了你的经济实力。

在此，以2017年南京的租房热为例：南京的传统城区，如鼓楼区、玄武区的房子，每平方米的单价最高。租金的多少反映了你每月在租房上的支出能力。小额的信贷也体现了你的还款能力。因此，地址体现的价值参考能力逐渐成为当前个人信贷消费评估的一部分因素。

有人会说你所反映的只是南京一地的情况，在其他城市呢？城市与城市之间的对比呢？

恰巧，中房智库研究员付珊珊最近统计分析了当前全国15个热点城市的租金水平，其排列如下图：

15个热点城市9月租金数据

城市	租金价格
北京	8 411
上海	7 947
深圳	7 093
杭州	6 716
广州	4 470
南京	3 934
厦门	3 653
大连	3 505
天津	3 480
青岛	3 260
武汉	3 108
重庆	2 860
成都	2 793
长沙	2 542
合肥	2 095

从图中可以看出，越是经济活跃的城市，其租金价格就越高。这是因为经济活跃的城市工作机会多，获得的报酬多，能够支撑起高的租金价格。

因此，城市的排名、城市内部的区域排名的综合对比、借贷顾客的工作性质、业界平均薪资等多维度信息，都可以成为评估处理顾客借贷额度的参考因素。

从城市的选择和区域的排序可以看出，个人借贷公司是青睐于一线城市的顾客群体，其次是二三线城市的顾客群。从苏宁金融的任性贷顾客Top10分布也能看出这一趋势（见下图）：

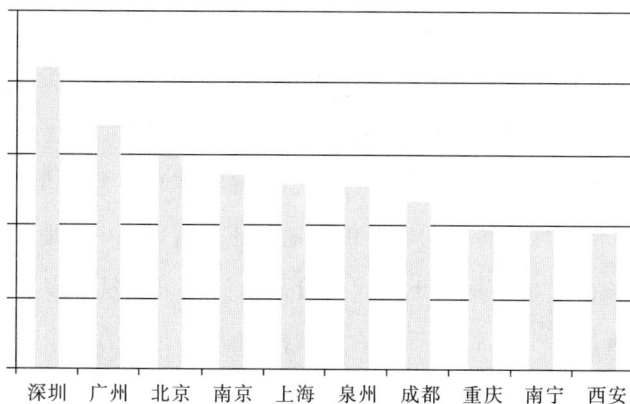

深圳　广州　北京　南京　上海　泉州　成都　重庆　南宁　西安

讲到这里，问题又来了：假如顾客的地址是随便填的，怎么办？

的确，在数据处理中，数据的真伪会影响到对顾客的评估。目前也没有100%准确的手段来保证用户信息的输入是正确的。

根据目前的政策制度，可以通过提供居住证、身份证等信息，来核验信息的准确性，也可以通过对申请借贷的顾客进行个人征信强授权，即从征信报告等多维度来核验输入地址的正确性。

其实，还有一个更为直接的信息来验证地址的准确性，那就是手机号码。

随着移动互联网的成熟期到来，多种O2O的商业场景都是凭借着移动终端完成了线上线下的融合。手机终端作为渠道，其中手机号码作为唯一的标识，运营商可以凭借这一资源开拓新的B2B场景，征信查询、地址真伪查询等都可以作为新的经营领域，为其他商业客户提供服务。例如，在获取用户授权后，查询用户过去一段时间内的地理位置信息（输入用户的住址，询问是否在此小区出现过），作为辅助手段来验证用户输入地址的真伪。

未来，随着数据的资源信息整合技术和数据的共享（付费/公共），顾客的信息逐渐透明化，欺诈和逾期风险在一二线城市的比率会逐步降低。

对于个人借贷金融公司而言，真正的风险在三四线城市。那里的基础设施还不完善，顾客的信息还不怎么透明，因此欺诈、欠款逾期等各种风险较大。

对于借贷公司而言，需要通过高利率、高客户群去弥补高风险带来的损失。因此，住在三四线城市的客户群，不得不接受高利率的价格歧视。相信这种状况将随着客户信息的透明度提升、区域经济的逐步提升而逐步消失，不过，相比一二线城市的发展速度，这一过程可能会持续很长一段时间。

回到我们的主题，住在哪里，你的信用会好很多呢？大城市、发达的东部地区、南部沿海城市地区、传统的城区中心地带还是新兴的中心地带呢？

虽然总体来看，2017年真正实现房价下跌的城市数量不多，但相信在"房住不炒"的政策理念下，2018年房价继续出现大幅上涨的概率并不大，越来越多的城市房价会进入下行周期。在这种环境下，不妨少关注实物资产，性价比更高的金融资产如股票等或许是不错的选择。

资料来源：郑清正. 个人信用居然和居住地址息息相关！知道真相的我，惊呆了！[EB/OL]. （2017-12-10）. http://www.sohu.com/a/209608882_99933128.

信用过低危及房贷车贷！
教你5招搞定个人信用提升

贷款有过几天逾期未还；拥有很多张信用卡但都没怎么用；想申请房贷车贷，要查征信报告，上面记录了哪些信息？

我们都知道，优良的个人信用非常重要，它和生活息息相关，房贷、车贷、日常消费购物刷信用卡……有时难免疏忽忘记还款，这影响大吗？

关于这些问题，下面将逐个进行详细剖析，你请往下看。

信用报告

当你向金融机构申请贷款时，金融机构将会在征得你同意的情况下，查阅你的"经济身份证"——人民银行个人信用报告。

它是一份由中国人民银行征信中心出具的记录，会客观收集和展示已发生的客户信用事件，但不对客户做任何评价。

目前个人信用报告分为三个版本：个人版、银行版和社会版。我们需要关注的是个人版，主要供消费者了解自己的信用记录。

每人每年可免费查询自己的人民银行信用报告2次，可以通过网络查询或前往人民银行网点查询，携带身份证即可。

查看个人信用报告时，有一点小贴士——除了查看是否有信息不符外，需要特别关注一下"查询记录"这栏，看看有没有你不知道的查询记录，这表示有他人或机构越权查询你的报告，这种情况可向机构质询，或向人民银行反映。

另外，被查询次数反映了你在一段时间内申请贷款或信用卡的次数，如果在一段时间内你的报告查询次数非常多，但实际上你并未得到新贷款或新信用卡，那一般会认为是多次申请均未成功，这对接下来的申请贷款或信用卡是不利的。

如果报告上有记录逾期等不良事件，请尽快终止该事件，因为终止后它还会在报告中展示5年。所以，平时尽量不要发生逾期，不小心忘了，也可以先跟银行进行沟通，否则在报告中留下不良记录，一展示就是5年。

信用分

信用评分的目的是，希望能借由这样一个分数，帮助金融机构判断放款给客户的风险，对于个人客户而言，也希望它能从侧面展示自己的信用情况，便捷自己的申请。

目前信用分体系在美国已经比较成熟。我们以大多数美国银行采用的FICO评分为例来了解一下，它的分数大致为左偏的正态分布，分数极高和极低的人都很少，常见的分数在300~850分之间，评分越高代表违约率越低，银行也更愿意放款给这样的客户。一般740分以上属于信用优秀，申请基本无压力。

FICO主要采用了5类变量作考量：信用历史记录（35%）、贷款总额（30%）、信用历史长度（15%）、信用类型（10%）、新开信用账户（10%）。

其中，最重要的是信用历史记录，这类似我们人民银行的信用报告，着重考察已发生的信用事件，包括个人信用账户的贷款、还款记录、是否有逾期欠款等行为以及逾期偿还的情况。

占比重第二大的是贷款总额，它会细分不同类型的贷款，计算贷款总额占信用额度的百分比，一般这个百分比越低，对信用积分越有利。这不难理解，假如用户已经借贷的总数接近他的额度总和，还要再申请新贷款，那么银行也会再三考虑他的还款能力的。

第三项信用历史长度，基本反映了用户的忠诚度和对信用产品的熟悉程度，使用历史越长，相对来说得分越高。

第四项信用类型，反映了用户管理多种类型信用账户的能力，一定程度上反映了活跃度、灵活性等。

最后一项是新开信用账户，基本反映了用户在短时间内有多少新开账户。值得提醒的是，用户应避免在短时间内持有较多的新开账户，而且如果信用历史还不长，更容易被怀疑具有高信用风险。

值得一提的是，人们常说的逾期情况在信用积分历史记录中，大约占35%，如果不是特别严重比如恶意逾期不还，偶尔忘了一两次，对整体的信用积分的影响是有限的，所以有时忘了还，尽快补上后，不用太过担心。

提高个人信用的小技巧

从以上信息，我们可以总结一些有助于提高个人信用的小技巧：

（1）**不要浪费每年查询人民银行征信报告的机会**。准确掌握自己的信用记录，有问题及时与人民银行分支机构和信贷机构进行沟通；遇到对报告内容有异议的，可向人民银行提出异议申请。

（2）**根据还贷能力来申请适当数目的贷款**。尽量不让正在使用且未还的贷款数量占总额度的比例过高；对信用卡来说，如果银行给的额度不够用怎么办？可以每月多多使用，提前还款，让银行看到你的消费能力与良好信用。

（3）**谨慎开卡，信用账户并不是越多越好的**。不要为了临时活动去开不必要的卡，开了卡如果基本不用的话，对信用反而有害无利。当你遇到真正需要的好信用卡时，信用账户数过多，银行也会考虑批不批，批多少额度；所以，尽量选择自己真正需要的，或者有一定申请难度的信用卡，这样如果申请成功，也是对你信用水平的一种认可。

（4）**及早申请信用卡，建立信用历史**。可以多尝试一些信贷产品，丰富自己使用的信用类型，当然别忘了及时还，别因为信用类型多了而顾此失彼发生逾期，那就得不偿失了。

（5）**申请贷款、信用卡的时间间隔不宜过短**。如果短时间内大量申请贷款或信用卡，很容易被怀疑是高风险用户。所以刚开始建立信用账户的读者也不用着急，选择自己心仪的卡，一步步积累信用就好。

资料来源：程天沅. 信用过低危及房贷车贷！教你5招搞定个人信用提升［EB/OL］．（2018-03-03）. https：//baijiahao.baidu.com/s?id=1593825407877931039&wfr=spider&for=pc.

|第2章|

信用贷款类

网络贷款套路多！她没借到钱，反被骗走1.2万元

俗话说："谈钱伤感情。"这话有些道理，为了不伤及感情，向亲友借钱这种事儿还是能免则免。可是到年底了，不少人有这样的困惑：手头有点紧，怎么才能快速借到钱呢？

不少人把目光投向了网络贷款。

然而，网络贷款的背后可能藏着很多"套路"。由于借贷人缺乏金融知识又着急周转资金，不少骗子们打着"无抵押、无担保、快捷便利"的幌子实施诈骗活动。

下面，我们来扒一下骗子的诈骗套路：

套路1：贷款前先"验资"，"验资"后玩消失

林女士被骗子用"验资"的套路骗走12 000元。急需用钱的她在网络上找到一个小额贷款平台并填写了个人信息。

不久后，一个自称是某贷款公司的客服联系到林女士，在确认林女士需要办理贷款后，要求林女士进行"验资"。

林女士按照对方提示，通过ATM机无卡存款的方式，向对方账户上存入12 000元。但林女士转账完成后，对方承诺的贷款却迟迟不到账，林女士此时才发现自己上当受骗了。

温馨提醒：网上贷款最好通过借贷平台进行操作，千万不要私下通过别的方

式进行转账，提防"验资"套路。

套路 2：评估资料"不全"，收费"制造"资质

有些贷款人会遇到这样的情况，提交完贷款资料后，贷款经理和中介突然说，材料基本齐全了，但是还差一些东西，我们帮忙"制造"一些贷款资质并收取相关费用。这时候要注意，这也许只是一个增加收费的"噱头"，并且伪造资料是不合法的。

温馨提醒：不要在任何不可信任的网站或者电话中泄露自己的身份信息、银行卡信息，力求做到保护自己的财产不受侵犯；正规贷款机构不会在未放款之前收费，当对方要求提前收取费用时，务必谨慎。

套路 3：声称"只需一张身份证"就可以贷款

要申请无抵押贷款，需要稳定的工作以及工资流水，还有优良的个人信用等信息才可能申请成功，完全不存在只用一张身份证就可以获得贷款这样的情况。如果贷款的时候，对方说只需要身份证就可以获得贷款，这样的假话千万不要信。

温馨提醒：警惕要求将钱款汇至个人账户并且自称"手续简单、放款速度快、贷款额度高"的贷款平台；当自己申请的贷款平台"门槛"过低时，例如贷款利息明显低于市场行情而需要的申请资料很少时，一定要提高警惕，有条件的可以在工商部门的网站上检查公司信息和资质。

最后，希望每一位看到这篇文章的读者都能提高网络贷款风险防范意识，在需要用到网络贷款的时候寻找正规贷款平台，不要轻信信贷小广告上的信息，以免被骗。

资料来源：倪佩可．网络贷款套路多！她没借到钱，反被骗走 1.2 万元［EB/OL］．（2018-02-05）．http：//www.sohu.com/a/220971602_371463.

千万警惕！骗子盯上了
信用卡提额诈骗，套路很深

谁都难免有缺钱的时候，需要现金应急自然会想到信用卡取现。

然而，如果平时没有良好的信用卡使用习惯、信用记录过少，又或者名下无固定资产等，信用卡的额度往往不高，遇到急用钱的时候，过低的信用卡额度往往不能满足需要。

这个时候，如果有条提额消息提醒——"您的额度已经达到提升标准，可以提升到 X 万元，请致电010-xxxxxxxx进行办理，我行将在一个工作日内完成额度调整。[xx银行]"，一定会有人拨通电话，掉进骗子的陷阱，轻则欠下一笔债务，重则给你的征信记录抹上两笔黑，直接导致房贷和车贷申请失败。

下面，苏宁金融的风控妹来全面总结一下信用卡提额诈骗的套路，帮助大家远离陷阱。

先来看一个真实案例：

从安徽到江苏南通打工的张女士接到陌生电话，对方自称是某银行工作人员，询问张女士是否需要提高信用卡透支额度。按照对方要求，张女士将自己在该银行办理的信用卡卡号、有效期、卡背面数字验证码等信息告诉了对方。

中午刚上班，张女士又接到一通陌生来电，对方称张女士上午提供了一份提高信用卡额度的申请文件，银行正在审核，需要张女士提供动态密码确认，张女士信以为真，将动态密码提供给了对方后，张女士的手机立即收到消费600多元的短信提醒。这时候，她才知道上当受骗了，信用卡里的钱被盗刷了。

信用卡里的钱是如何被盗刷的呢?

骗子使用张女士提供的卡号、有效期、卡背面数字验证码等信息,可以在电商网站上绑定张女士的信用卡,再进一步通过索要得到的动态验证码,轻松实现信用卡支付,直接给张女士造成了经济损失。为了使自己的征信记录不受影响,张女士最后只能乖乖帮骗子还钱。

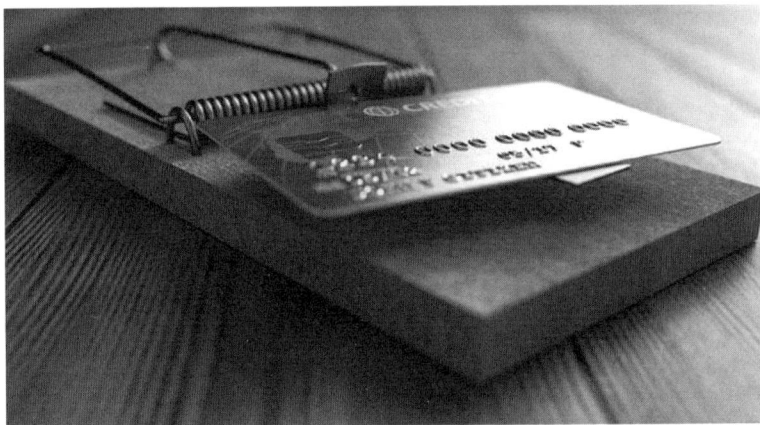

需要特别提醒的是,骗子手段多样,甚至可以修改信用卡的绑定手机号,让你的信用卡在神不知鬼不觉的情况下被深深透支。所以,养成定期查看信用卡账单的习惯可以在一定程度上有效避免上述情况。

有一类骗子会直接诱导受害者扫描二维码,点击链接,再通过给受害者手机种木马病毒的方式进行信用卡盗刷(木马病毒如何实现盗刷,详见苏宁财富资讯防骗系列文章"收个微信红包损失3万!骗子最新套路一定要警惕")。

防止信用卡被盗刷需谨记5大措施:

(1)在商场、餐厅刷信用卡的时候,一定要保证卡在自己的视线范围内,防止被复制。

(2)卡号、有效期、卡背面的数字验证码、手机验证码等信息,是信用卡的重要支付信息，千万不要告诉他人，尤其是卡背面的数字验证码，这是持卡人的身份验证信息。任何银行工作人员都不会向持卡人索取短信验证码，如果有人索要可判定为诈骗，要立即报警。

（3）定期查看信用卡账单，如发现异常交易，第一时间联系发卡银行官方客服电话进行反馈。

（4）在登录电商或银行网站的时候，确认访问的网址经过加密保护。网址应该以 https：//开头，而非一般的 http：//。https 是在 http 的基础上加入了加密协议，所以能为浏览器间的通信加密，信用卡号、密码等信息即使被黑客截获，骗子也无法解密得到其中的关键信息。下图以 iOS 系统的 Safari 浏览器为例，说明如何查看网址。打开浏览器，用百度搜索苏宁易购并点击，得到左下图，点击上面的网址框就可以看到右图的网址栏，如果是以 https 开头就是安全网页。

（5）下载手机管家查杀病毒，以免手机被种上木马病毒。

有人会问：真的急需用钱，该怎么给信用卡提额呢？风控妹总结了以下4个方法供大家参考：

（1）在办理信用卡时，如果有房产证、机动车行驶证，最好附上这些资料的复印件，有助于提高额度，如果信用卡下来之后才有这些东西，也可以致电客服人员，补交资料提高额度。

（2）需要临时提高额度的话，可以直接打电话给信用卡客服，跟他们说明需要临时提高额度的原因（例如，房子需要装修、结婚、购买大家电、出国旅行等）。

（3）经常使用信用卡进行消费，直到把信用卡刷爆，不能刷爆也没关系，一般多次消费信用卡额度的60%以上就有很大机会给你增加额度啦。

（4）在信用卡的发卡行开立一张借记卡，然后每个月都往里面存钱，这样就可以证明自己有稳定收入，增加提升额度的机会。

好了，关于信用卡提额的陷阱与防范，今天就说到这里，希望对您有一些帮助。

资料来源：鲁岑. 千万警惕！骗子盯上了信用卡提额诈骗，套路很深 ［EB/OL］. (2018-07-22). http://news.hexun.com/2017-07-22/190149903.html.

网上申办信用卡被骗11万元！
如果懂这些方法，根本不会被骗

愉快地在电商网站上"剁手"，结果钱付了，货却没收到，事后发现该网站是高仿的假网站，网址域名和真的电商网站域名仅仅差了2个字母；办张银行信用卡，结果踩入一个"安能辨我是雌雄"的假信用卡申请网站，为了"提升额度"，还损失了10万元血汗钱……

钓鱼网站诈骗，往往就在我们身边。那些对互联网不够了解、对计算机技能不够熟练的消费者，很容易成为钓鱼网站诈骗的目标。

案例：网上申办信用卡被骗走十多万元

先来看发生在浙江宁波的一个真实案例：

2017年3月，浙江宁波的生意人刘女士的手机收到一条办理信用卡的短信，并附有某银行办理信用卡的链接（该链接其实是犯罪分子伪造的某银行网站的钓鱼链接）。

刘女士心想着"不办白不办"，当即在线申请了一张20万元额度的信用卡。一名自称是该银行工作人员的男子来电，表示信用卡需要激活才能正常使用，而由于此卡额度很高，又没有担保人，信用卡持有者必须缴纳一定的保证金到指定的账户，来证明自己确有还款能力。

按照对方的要求，刘女士扫了网页上的二维码，显示出一个"信用卡申请进度查询"的页面，按照对方提供的账号，每打入一笔钱，网页上自己信用卡的余额就会相应增加，进度条的百分比也会随之提高。

就此，刘女士先后汇出了10.84万元保证金，已经超过了信用卡额度的一半，却还未达到信用卡申请要求。这时候，刘女士才意识到不对劲，连忙报了警，并到银行网点咨询，却被银行工作人员告知信用卡是伪造的，那个刘女士在线申请信用卡的网站也是一个钓鱼网站（仿造的银行官网）。这下子，刘女士自己的10.84万元也打了水漂。

通过该案例可以知道，诈骗分子设计的钓鱼网站通常会伪装成银行及电子商务网站，骗取用户登录，从而窃取用户提交的银行账号、密码等私密信息，最终导致用户的财产损失。值得注意的是，诈骗分子伪造的钓鱼网站的网址，与正规网站的网址极其相似，往往只有一两个字母的差异，不仔细辨别很难发现。

而且，骗子的"本职工作"就是诈骗，为了能够骗到钱，他们在网络上可以说是广泛撒网。根据腾讯移动安全实验室统计，2017年第一季度腾讯手机管家每天拦截的钓鱼网站链接多达2.39亿次。

科普：防范钓鱼网站诈骗的3个方法

那么，我们普通人怎样才能识别出钓鱼网站呢？毕竟，日常生活中要记住每个网站的正确网址，并不是一件容易事。下面将介绍3个防范钓鱼网站诈骗的方法：

（1）通过工信部网站的备案查询系统查询网站的备案信息。

网站备案是指网站向主管机关报告事由以备查考。网站备案的目的就是为了防止在网上从事非法的网站经营活动，打击不良互联网信息的传播。

工信部网站备案需要网站提供服务器、IP地址、域名、企业执照、负责人手机号码、邮件地址、身份证件等基础信息，并对网站基础信息真实性进行核查，在核查之后，会给网站颁发一个ICP备案号，需要网站放在指定位置，如页面的最下方。

没有申请工信部网站备案或者没有通过工信部网站备案审核的网站，它的资质可信度是大打折扣的。对于这种网站，我们要尽量避免使用。

工信部网站备案查询系统的网址为http：//www.miitbeian.gov.cn/，在该网站首页的右下角，点击"公共查询"链接，可进入网站备案查询系统。

在公共查询页面中，点击左侧菜单列表中的"备案信息查询"，然后在右侧的"网站域名"中输入你要查询确认的网站域名，如"suningbank.com"，接着根据网站的提示输入验证码后，点击"提交"按钮提交查询请求即可。

在备案信息查询界面，用域名来查询

另外，在备案信息查询页面，也可以通过"主办单位名称"来查询备案信息。例如，我们在"主办单位名称"的文本框中输入"江苏苏宁银行股份有限公司"，查询该主办单位的备案情况。

在备案信息查询界面，用"主办单位名称"来查询

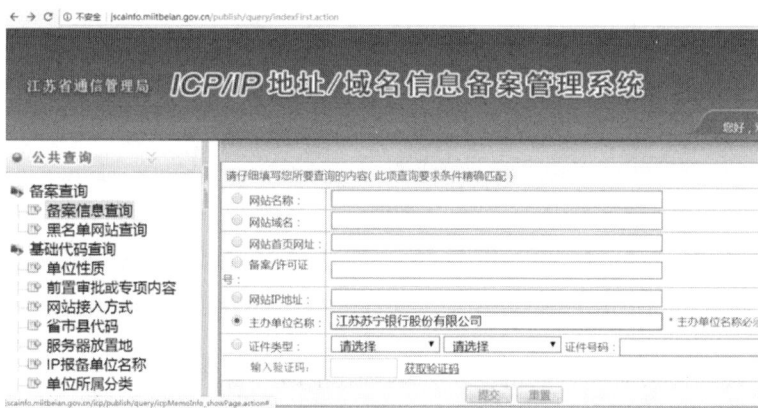

在系统反馈的查询结果中，可以看到该域名所属的单位名称、备案/许可证号、首页网址、审核时间等信息。通过查询结果，我们可以看到，在网站备案信息系统中，对应suningbank.com和江苏苏宁银行股份有限公司的备案信息只有一条，备案信息显示：www.suningbank.com是江苏苏宁银行股份有限公司的官方首页网址。

网站备案查询结果

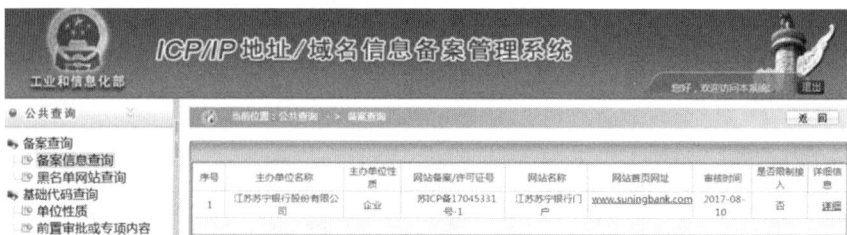

你去点击备案查询结果最右边的"详细"链接，就可以查看该网站域名备案的详细信息了。

网站备案查询结果的详细信息

（2）优先访问具有搜索引擎"官网"标志的网站。

如果说通过工信部网站备案查询系统辨别网站真伪比较麻烦，我们也可以参考百度搜索结果显示为"官网"标志的网站。

官网认证，是百度通过对网站经营主体资质、网站安全性、网站权威性等的核查后，在搜索结果中的商家官方网站标题右侧展现蓝色官网标识，以帮助网民快速识别权威优质网站，防止山寨网站、钓鱼网站对网民的侵害。为保证官网认证的公信力，现阶段，各商家通过百度对网站的实名认证/实地认证等主体资质真实性的核验后，才能取得"官网"认证标志。

例如，在百度上搜索"中国建设银行"，从百度反馈的第一个搜索结果，可以看到标题"欢迎访问中国建设银行网站"右侧有一个蓝色的"官网"标记。通过这个搜索结果进入到中国建设银行网站，是比较安全的。

搜索引擎中的"官网"标识

（3）数字证书能帮助辨别一个网站的真假。

例如，在 Google Chrome 浏览器的地址栏中，输入苏宁金融的官方网址 jinrong.suning.com，点击回车键，可以看到，在浏览器地址栏中，苏宁金融的网址前面有一个"锁+安全"的标志，而且苏宁金融网站的网址前缀带有 https：//，这说明苏宁金融的网站是基于 HTTPS 技术的。

支持 HTTPS 的苏宁金融主页

HTTPS 技术是 HTTP 技术的升级版，HTTPS 基于 SSL 数字证书安全加密和身份认证保护，网站需要购买权威机构颁发的数字证书。由于苏宁金融网站是基于 HTTPS 的，用户和苏宁金融网站之间的数据都是通过加密传输的。

是否具有 SSL 数字证书，这是帮助识别钓鱼网站的一个关键点。因为一个网站如果是钓鱼网站的话，是不大可能会购买、安装 SSL 数字证书的，因为数字认证机构会对申请证书的网站进行异常严格的审核，非法网站是很难申请到 SSL 数字证书的。

另外，点击浏览器地址栏中最前面的"锁+安全"标志，会弹出"安全链接"窗口，该窗口包含当前网站的安全链接的说明、该网站使用的证书信息，如果当前窗口显示证书"有效"，意味着浏览器和操作系统软件认定本网站的数字证书是安全可信的。

安全链接窗口

其他防止钓鱼网站诈骗的小窍门

上面为大家介绍了3个防止钓鱼网站诈骗的小窍门——网站备案查询、"官网"标志查询、网站数字证书查询。

另外还有两点事项如果注意到了，可以大大减少你被钓鱼网站诈骗的概率。

一是尽量使用主流的浏览器，比如Chrome、Safari、Firefox、IE等，不要使用小众的浏览器，这些小众浏览器有可能会通过修改的网址将你引导到钓鱼网站、挂马网站。

二是要确保安装权威的安全软件，安全软件一般都会有钓鱼网站黑名单库或者特征库，安全防护和杀毒软件可以对你要访问的网站进行实时分析，并对钓鱼网站进行拦截。

资料来源：孙扬. 网上申办信用卡被骗11万元！如果懂这些方法，根本不会被骗［EB/OL］.（2018-04-30）. http：//bank.hexun.com/2018-04-30/192930021.html.

为什么"信用卡逾期"短信那么假，还有很多人被骗到？

今天刷朋友圈，看到许久不发朋友圈的阿杰发了一条状态。内容如下：

"收到这样的短信吓一跳，仔细一看电话号码不对，查了一下也根本不欠费。可骗子居然知道我的名字，而且正好也有这个信用卡，很有迷惑性，大家注意如下短信：

尊敬的*杰 您好！ 您的**银行信用卡因逾期未还款影响征信现已被冻结，请立即联系客服办理解冻【**银行】00861-85012-77205"。

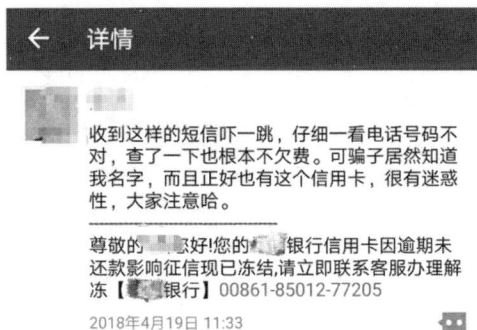

经与阿杰联系，他告诉我自己"中招"了。他收到上述短信后，故事是这样发展的：

阿杰非常担心这笔异常影响征信，立即回电给短信中留的电话号码，问如何才能解冻。一位自称**银行客户经理的赵先生引导他提供了信用卡的账号、密码和另一张信用卡的账号、密码、验证码。阿杰将手机上收到的验证码发给对方后，又收到1条银行短信，却发现两封短信格式不同，而自己另一张信用卡里的5 000多元已经被对方转走了，"这时候我才发现被骗"。

虽说"人艰不拆"，但经验教训总是要总结的。下面，我们来帮悲催的阿杰分析一下他是如何被骗的：

首先，收到经过"伪装"的**银行的短信后，阿杰未发现异常，而是被惊爆的内容吸引。诈骗分子模仿银行的口吻编辑发送了短信，导致阿杰过度关注自己的账户安全而非内容的真实性。

其实，分析下诈骗短信所留的联系方式"00861-85012-77205"，一般人就能察觉出这是个骗局了。要知道，0086是中国大陆的区号，后面18501277205是骗子的手机号码，可是骗子用"-"区隔之后，迷惑了短信收件人，让他们认为此乃"银行客服的特殊号码",却忘记了各家银行都是统一的五位数官方客服号码。

另外,在骗子通过电话引导诈骗时,我们还可以通过确认对方身份、说话口音、专业度等方式来判别。

也许你会问,骗子是怎么转走阿杰银行卡里的钱的呢?

看了上面阿杰的回忆,你会明白——他是在与诈骗分子沟通过程中,按照诈骗分子的引导,一步步被套取了卡号、密码和卡内信息,然后诈骗分子通过制假卡或者网上银行转账等渠道,把他卡里的现金全部转走了。

也许你会说,在日常生活中,学金融的或许更容易辨别此类骗局,普通人很难区分金融诈骗短信和正常短信的区别。那么,这里就教你几招小窍门:

(1)确认自己的银行卡账户状态等信息。第一时间与银行官方客服核实,或到附近银行柜台确认,千万不要直接与短信内给出的电话联系。我们可以在银行APP或者微信公众号内直接查看账户状态,方便快捷,参见下图,其为中国银行微信公众号的银行卡信息查询界面:

（2）看短信来源。目前，每一家银行都有一个移动运营商分配的专用于银行短信发送的服务号码（如下图是来自苏宁银行的尾号95177的服务号码），而诈骗短信的发信号码基本上是手机号。

（3）看短信里的自称。正规的刷卡消费短信通知都是由发卡银行发送的，而诈骗短信大多以"xx银联"自称。

（4）看短信里的消费地点。诈骗短信中都会写明具体的消费地点，而银行发的正规消费短信，均不会涉及具体的消费地点，如上图苏宁银行借记卡的消费信息提示，并不会涉及消费地点信息。

（5）看结算部分的信息。银行卡特别是借记卡消费一般都是实时扣款的，也就是消费时马上就结算。骗子在有些诈骗短信里写了"将在结算日扣划"。

（6）请银行系统帮助识别。例如，收到来自95533的短信，无法辨别真伪，请复制短信完整信息发送至95533，建行系统后台自动甄别。

（7）看是否索取验证码。银行等金融机构不会索取客户手机接收到的验证码，如果遇到所谓客服人员向你索取验证码，可直接判定为诈骗分子。

最后，着重强调一点：不要随意将个人银行卡卡号、密码等信息透露给陌生人。这是最原始的保护方式。

资料来源：申沛庆. 为什么"信用卡逾期"短信那么假，还有很多人被骗到？［EB/OL］.（2018-05-27）. https：//mp.weixin.qq.com/s?_biz=MzAwOTc2MDg0Ng%3D%3D&idx=1&mid=2650975172&scene=45&sn=325ebfeedcfdf662b5b9e71ebf974a39

第 3 章

支付安全类

如何防范支付账户被盗刷？
程序员科普9大安保技能

手机网银、移动支付、移动理财，用户在手机上安装和使用的金融APP越来越多。根据 Talking Data公司的《2016移动金融应用数据报告》，2016年中国移动金融用户达8.3亿。

在移动金融用户迅猛发展的同时，针对移动金融用户的恶意软件、金融欺诈层出不穷。2016年6月美国征信服务巨头益博睿（Experian）发布的《欺诈经济学：规避快速增长和创新中的风险》报告显示，中国是目前全球互联网风险最大的国家之一，网络犯罪导致的损失，占GDP的比例为0.63%。

那有什么方法提高我们手机金融APP的安全性呢？苏宁金融研究院的程序员在深入解析手机金融APP面临的各种安全风险的基础上，提出了九大实用技能。

不要Root手机，防止个人信息泄露

Root手机和苹果 iPhone的越狱概念类似。Root手机通常是针对安卓（Ardroid）操作系统而言，它使得应用程序可以获取Android操作系统的超级用户权限，即有权利读取、修改、创建和操作手机中所有数据和对象。

现在有很多第三方的Root工具和刷机工具，支持获得 Android手机的Root权

限。Root权限就意味着应用程序有机会获得你手机至高无上的权限，你手机中的任何对象都有可能被应用访问。Root权限尤其对金融类客户端有很大的威胁，它能让黑客使用Root权限窃取你金融类客户端的用户信息和密码信息。所以说，保障手机金融安全的第一个秘籍就是不要Root手机。

金融APP从手机官方应用商店下载

未知来源的APP安全没有保障，可能会包含窃取个人信息的恶意插件，导致用户的信息泄漏。而每一个品牌手机的官方应用商店，都会对应用程序做安全测试——通过多次机器自动扫描和人工复检，确保是原厂提供的正规APP，且不存在广告、恶意插件和重大安全漏洞，让用户放心使用。用户可以在设置→高级设置→安全→未知来源中禁止从未知来源安装应用程序。

关闭非金融应用程序的短信读取权限

　　短信验证码是金融 APP 的转账、支付、变更账户功能的常见身份验证方式之一，黑客只要获取你的验证码就能伪造你的身份。所以，我们在安装手机应用程序的时候，对于非金融应用程序应该禁止读取短信。如果手机没有提示，可以在设置→权限管理→权限→读取短信/彩信中关闭非金融应用程序的短信读取权限。

权限管理	⚙
应用	权限
自动启动管理	>
悬浮窗	>
基础权限	
短信	∧
读取短信/彩信	21 个应用 >
发送短信	11 个应用 >
电话	∧

使用生物特征识别作为金融 APP 的验证方式

　　用户的身份证号、用户名和手机号在网上都很容易查到，密码可以通过手机的间谍软件监听键盘敲击、偷窥录入过程，或者通过窃取短信验证码然后更改密码获得。

生物特征识别方式相对来说比较安全。原因有两个：一方面生物特征可复制性难度高，比如指纹、虹膜和人脸识别等方式，在手机上大多用活体识别方法；另一方面生物特征识别的信息一般都存储在独立的硬件芯片中，通过和手机独立的 OS 进行管理，只有经过认证的可信应用程序才能访问。例如，建行手机银行支持指纹登录，指纹支付无须输入用户名和密码就可一键登录、一键支付；苏宁金融 APP 支持基于指纹的登录以及基于人脸识别的高级实名认证。

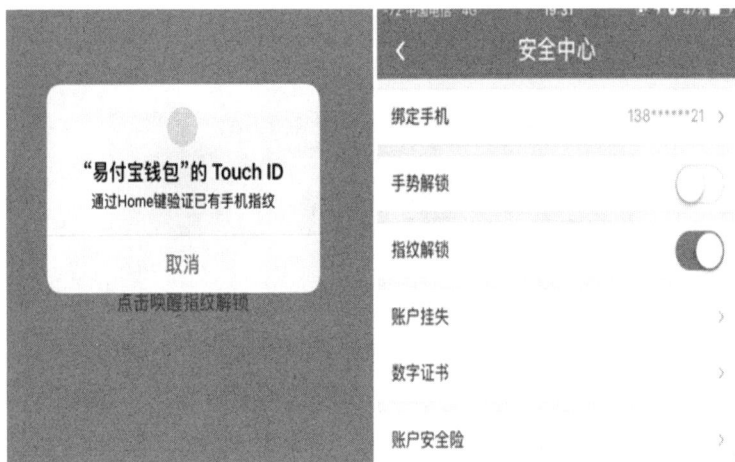

及时删除金融APP绑定设备列表上不用的设备

你可能使用过很多手机，每个手机可能都安装使用过金融 APP，每次换手机之后，可能会把旧手机卖到二手市场或者借给其他人使用，这就给不法分子盗用你的账号带来了便利。当前，手机金融 APP 大多都有管理绑定设备列表的功能，绑定设备列表一般有设备类型、操作系统、证件类型、证件号码和手机号码等信息。我们可以在金融 APP 的安全中心，找到管理绑定设备菜单，经常查看并及时删除金融 APP 绑定设备列表上不用的项目，以防止个人金融账号被别人用其他设备绑定使用。

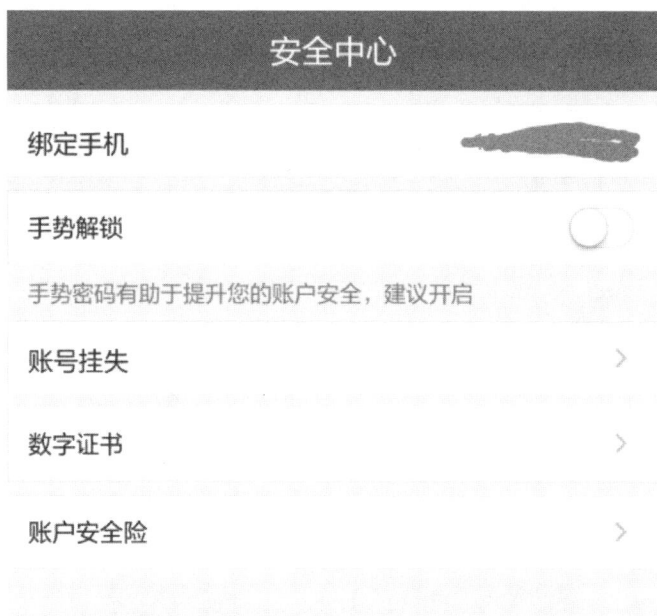

及时关掉不常用的银行卡快捷支付绑定

　　快捷支付现在是移动支付使用频率非常高的业务。现在第三方支付工具很多，我们可能会在很多支付工具中绑定银行卡作为快捷支付的账户，但在长时间不用该支付工具之后，可能会忘记解除绑定银行卡。值得提醒的是，在手机网银安全中心的管理快捷支付功能中，可以查看该银行卡已经绑定到哪些支付工具作为快捷支付账户，并可以根据需要及时终止不必要的快捷支付绑定关系，减少账户被盗刷的风险。

授权账户：⬛⬛⬛⬛⬛⬛⬛   储蓄账户 ⌃

苏宁易付宝   已开通

支付宝（中国）网络技术有限...   已开通

温馨提示：
1．为提高资金安全，您可通过"中止授权"操作限制该账户的快捷支付业务；
2．"中止授权"后，该账户仍许资金转入，不影响商户的退款类功能；
3．"中止授权"后，您可以通过"恢复授权"操作，重新使用该账户的快捷支付业务。

恢复授权   中止授权

网购选择匿名支付和评论，防止支付信息被盗用

在电商平台购物的时候，我们在支付、评论环节通常都使用真实的用户名，这个用户名显示在评论区，容易被别有用心的人盯上，然后以商家/银行的名义联系你进行诈骗。在 2012 年的时候，一家电商平台的用户，在购物的时候，被骗子以账户问题为幌子，骗走 6 000 元钱。骗子在网上获得了该用户所有的购物记录，并赢得了用户的信任。现在电商平台大多设有匿名的选项，这个不仅仅是为了保护用户的购物隐私，也是为了保护用户的账户不被骗子利用。

当手机丢失或者感觉支付账户被盗时，及时挂失支付账户

现在人人都知道支付和金融APP是手机上必装的应用程序，如果手机丢失，落在怀有恶意的人手中，他可以通过密码找回的方式获得支付密码。为此，手机丢失之后，我们要立即通过移动APP、PC网页端或者热线服务电话进行账户挂失，停止账户登录、转入转出功能，及时保障账户安全。具体可以在安全中心→账号挂失中进行操作。在使用新手机绑定支付账户之后，可以在安全中心→账号挂失中解除挂失。

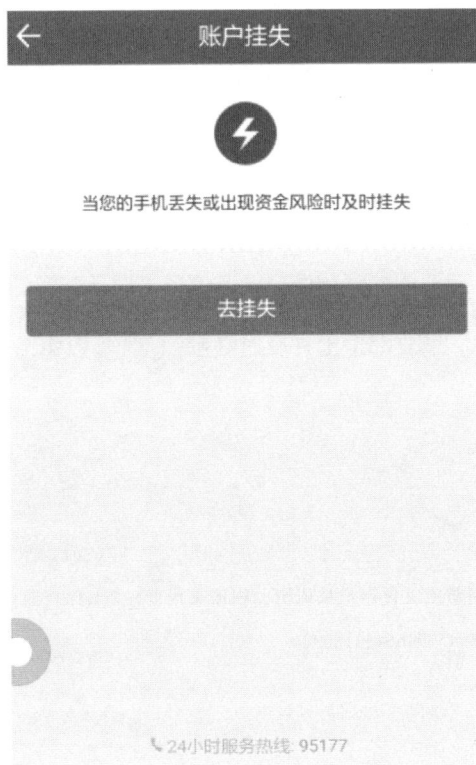

账户挂失

当您的手机丢失或出现资金风险时及时挂失

去挂失

📞 24小时服务热线：95177

对金融APP设置登录预留信息，预防被钓鱼APP欺诈

网上有很多模仿金融网站和APP的诈骗机构，当下载和使用假的金融APP时，我们的用户名和密码就可能泄漏了。这时候，我们需要设置"登录预留信息"，如果金融APP登录时未能显示出正确的"登录预留信息"，就要及时退出，防止被骗。

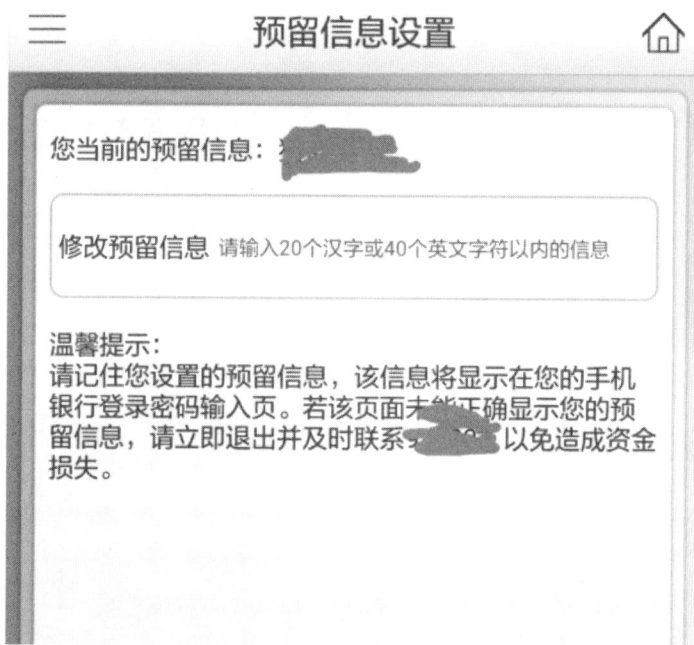

资料来源：孙扬. 如何防范支付账户被盗刷？程序员科普9大安保技能［EB/OL］.（2016-12-03）. https：//www.toutiao.com/i6359453946645316098/.

手机就在身边，存款却不翼而飞！这种账户设置方法害人不浅

如果有一天，你发现——手机没中毒，就在身边，但关联手机的银行卡存款不翼而飞了，还被申请了小额贷款，这是一种什么感受？

这背后，其实隐藏着一条名叫"撞库"的黑色产业链：黑客们通过"撞库"技术盗取各类网站上的用户账户与密码，并最终通过售卖、欺诈、刷单、套现等手段实现非法获利。

对于大多数用户而言，如果你使用不同的网站，用的却是相同的用户名和密码，那么你就有被"撞库"的风险。因为黑客收集到网络上已泄露的用户名、密码等信息后，会"碰运气"地去批量尝试登录另一个网站，得到一系列可以登录的用户。

黑客的这种"撞库"行为，为不少互联网用户带来了困扰。安徽的赵女士不久前就遭遇了这样的"撞库"事件：

赵女士的手机和银行卡一直在身边，也没有收到过密码短信，账户里的钱却被人转移了，一张信用卡还被申请了7万元的小额贷款。

经过警方判定，这是一起典型的由"撞库"造成的新型电信诈骗案件。黑客们利用用户喜欢使用相同账户名和密码的行为习惯，收集大量账户名以及密码，并"撞大运"地去"试"出一些可以登录的用户名、密码，再通过一系列黑客手段，对被害人卡内余额实施转账行为。

除了盗取用户银行卡中的存款进行金融犯罪之外，黑客还会通过将"撞库"

成功的用户信息出售给第三方以获取暴利，或者利用盗取的账户进行刷单交易、黄牛交易等操作。对于盗取到的游戏账号，黑客甚至会售卖账号中的虚拟货币、游戏装备来进行变现交易。

显然，无论黑客怎样利用窃取来的用户信息，都会给用户的日常生活带来严重的困扰，甚至带来直接经济损失。每一个互联网用户，在享受快捷方便服务的同时，也将自己的信息暴露在了风险之下。为了安全起见，咱们互联网用户可以学几个小技巧，降低被黑客"撞库"成功的风险。

技巧1：多设置几个账号和密码。一些支付类、财务类的网站，应该尽可能使用手机验证等安全验证方式，避免为了省事而直接登录。

●●●●● 中国移动 4G　下午7:44　●●● 94% ■

✕　　　　　　　　　　　　　帮助

易
苏宁金融

账　号　138******32　　　　ˇ

密　码　●●●●●●●●●●　　　ᴗ

» 　滑动登录

注册账号 ｜ 忘记密码

易购登录　　短信登录

技巧3：发现个人隐私泄露后，可以通过一些公开平台举报，在最短时间内实现个人账号信息保护。

最后，希望每一位看到这篇文章的读者都能重视"撞库"带来的危害，提高自己的防护意识。在下一次黑客"撞库"到来之前，做好充分准备，打赢这场用户信息安全守卫战。

资料来源：倪佩可. 手机就在身边，存款却不翼而飞！这种账户设置方法害人不浅［EB/OL］. （2017-12-17）. https：//item.btime.com/m_2s1cm14txk0.

免费wi-fi无处不在！但这个致命缺陷会让你的钱包被洗劫

移动互联网时代，我们无论走到哪里，都有连接wi-fi的迫切渴望，急着买买买，朋友圈要晒图，头条要浏览，农药不能停，免费wi-fi，能蹭就蹭！殊不知，在"蹭网"的时候，自己的"钱包"已经陷入了危险之中。

微博上曾经流传过一个真实案例：

一个表情忧伤的妹子在闹市区举着一块大牌子，上面写着"我在这里手机网购丢了2 000元！连wi-fi虽易，丢钱更易，且连且小心"。原来是她的网银被盗刷了。

如果你认为这可能是网络炒作，不妨看看媒体披露的案例：

（1）据《齐鲁晚报》报道，家住青岛中山路的庞先生，登录一个免费公共wi-fi之后没几天，和手机号绑定的银行卡就被盗刷了1万多元。

（2）据《中国新闻网》报道，家住株洲市芦淞区的张女士，在一家商场内发现一个没设密码的wi-fi，连接wi-fi后，将商场中的一件衣服在淘宝上进行了比价，由于价格便宜了近一半，她毫不犹豫地通过手机银行支付方式在淘宝上购买了这件衣服。随后，张女士的手机连续收到短信提醒，其信用卡被盗刷4笔，每笔金额在2 000元以上，总金额高达8 000多元。

那么，如何防范免费wi-fi欺诈事件的发生呢？苏宁金融的风控妹今天就来剖析一下不法分子是怎么利用公共wi-fi获取用户信息来进行诈骗的。

第1种：公共场所wi-fi被黑

商家本身提供的wi-fi是合法的，但如果路由器被不法分子给黑了，那就很危险了。

那么，哪些场所的wi-fi最容易被黑客盯上呢？私人非连锁快餐店、小卖部都是重灾区，该类店铺的wi-fi多是商家自己使用普通路由器架设的，没有使用专门的防火墙与安全过滤软件。

当然，也有相对安全的免费wi-fi，目前国内运营商提供的wi-fi热点安全性相对较高，有专业的安全监控与钓鱼等过滤策略，黑客是很难攻克的。使用方法也不麻烦：用户可通过电话或短信，获取免费的wi-fi账号、密码。目前，大型连锁商场、超市、机场、高铁和政府办事大厅正在慢慢覆盖wi-fi热点，让我们一起期待可以安全蹭网的美好未来吧。

第 2 种：黑客架设钓鱼 wi-fi

拿出手机，你发现已经默默连上了免费 wi-fi，正窃喜可以无限刷流量，但是，你很可能已经上了黑客的钓鱼 wi-fi。一旦有用户上钩，黑客有太多方法获取用户信息：

（1）直接抓包。因为公共 wi-fi 多采用明文传输，黑客直接抓取数据包，进行破解就可以得到用户手机里的账号密码。

（2）修改 DNS 服务器地址钓鱼。黑客把运营商的 DNS 服务器地址修改为黑客自己架设的假 DNS 服务器。当用户访问部分网址的时候，请求会直接打到假 DNS 服务器，最后被带领到黑客建设的高仿真钓鱼网站，这时用户输入的用户名、密码等信息，就被钓鱼网站记录下来。

（3）向手机植入木马。黑客会替换你网页请求中的下载链接，再静默植入木马病毒，当然静默植入需要配合一些安卓或 APP 系统的漏洞。这样木马病毒就会把用户的私密信息全部拖出，传给黑客。

既然不法分子如此诡计多端，普通人如何才能避免进入陷阱，不发生金钱损失呢？针对黑客的手法，风控妹梳理了五大必杀技：

第一招：有钱任性，只用 4G。这是终极必杀技，最安全，但风控妹摸一摸钱包，觉得免费蹭网还是个不错的选择。所以，要学习安全蹭网的方法。

第二招：千万不要打开手机 wi-fi 的自动连接功能。不少即时通信 APP 都保持了长连接，不管你看或者不看，手机一直在接收数据包，一旦自动连接非法 wi-fi 后，在你不知道的情况下，可能数据包就已经被黑客截获了。

第三招：在手动连接 wi-fi 前，与工作人员确认 wi-fi 名称与连接方法，确保自己不会直接连接到黑客架设的 wi-fi 上。

第四招：连上公共 wi-fi 后，不使用账户密码的方式登录 QQ、微信、支付宝、网银等直接与钱相关的 APP。如果实在忍不住需要使用，请关闭 wi-fi 使用手机流量。不要做捡了芝麻丢了西瓜的傻事，给骗子制造机会。

第五招：安装手机安全软件，手机管家、手机卫士等都是不错选择，但是请在安全的 wi-fi 环境中使用正规 APP Store 下载。

最后，还是要时刻提醒自己，在享受wi-fi便利的同时，尽可能规避欺诈风险。毕竟，风险无处不在。

资料来源：鲁岑．免费wi-fi无处不在！但这个致命陷会让你的钱包被洗劫［EB/OL］．（2017-06-17）．http://money.hexun.com/2017-12-17/192001565.html

收个微信红包损失3万元！
骗子最新套路一定要警惕

看见红包，你是否顿生一种火速点之而后快之感？

哎，你要小心，你抢的红包很可能"有诈"！

当前，不法分子已经捣鼓出了一种红包病毒，用户点击了，红包没抢到，自己手机里的钱却被打劫了。

如何才能不中招呢？今天，苏宁金融的风控妹教你几招！

先看伪红包骗人的真实案例：

北京市民程女士的微信收到一个"红包"，其外观与正常的微信红包十分相似，点开后却发现，这个"红包"变成了一个页面，还要求填写个人信息。程女士按照页面的要求填写了个人信息，并输入了微信钱包的支付密码，接收了红包，结果，她收到一条转账信息，提醒她微信钱包中的钱已被转走。

家住海口的吴女士，接到微信好友给她发来的一个红包链接，没有仔细查看就点击进去抢红包。打开红包后，吴女士发现中了600元化妆品的代金券，当她准备领取的时候，对方却需要她输入身份证、手机号等个人信息。等她按照要求输完信息，对方还要求她扫描一个二维码，才能完成领奖。想到之前领取红包从来没有出过事，这次吴女士也放心扫描。几分钟后，吴女士的手机收到了一条短信，只是这条短信不是红包的礼券信息，而是吴女士的银行卡被转走 30 000 元的提示信息。惊慌失措的吴女士立即向发红包的微信好友打电话核实，对方这才发现微信号被人盗取。

一般人如何识别伪红包呢？

风控妹总结发现，伪红包主要有四类，识别方法一点不难：

第 1 类伪红包——领取先填个人信息。具体来说，点击红包图标后，弹出的不是领取画面，而是要求输入收款人姓名、身份证号、手机号和银行卡号等个人信息，这 100% 就是诈骗红包了。真正的领红包流程其实很简单：点击红包图标进入红包界面→点击"開"红包按钮→红包金额直接存入微信钱包。

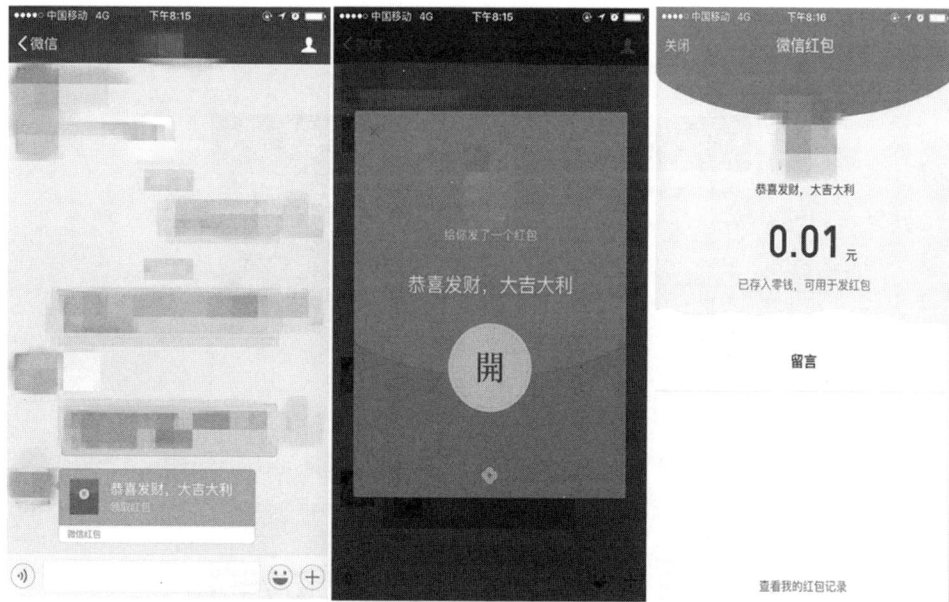

第2类伪红包——666、888大红包。用膝盖想想都知道，这一定是诈骗红包！理由很简单，微信官方说明红包最高限额是200元。

第3类伪红包——需要输入银行账号提现红包金额。正规微信红包是不支持输入银行账号直接提现的，所有红包金额会直接存入微信钱包，用户需要通过绑定银行卡，再把微信钱包中的红包金额提现。

第4类伪红包——伪装成优惠券链接、二维码的木马病毒。这种红包，用户点击后，系统会提示需要下载才可以使用，待用户确认后，木马病毒就会直接下载到用户手机并自动安装。

木马病毒是如何盗取用户钱财的呢？

木马病毒有服务端和控制端两个部分，用户点击伪红包，就将服务端植入了自己的手机。

服务端在用户的手机里运行并收集用户信息，比如移动、复制、删除文件，修改注册表，更改配置等，同时与控制端建立链接，将收集到的数据通过链接发送给控制端。

骗子在控制端拿到用户信息后，就可以通过账号密码登录微信，盗取微信钱包余额，甚至盗取银行卡中的现金。

哪些情况说明手机"中毒"了呢？

如果发现手机存在如下3种症状，基本上就能"确诊中毒"了：

症状1：手机经常弹出垃圾广告和垃圾游戏；

症状2：手机卡顿，如果将后台运行的程序都关闭后仍然很卡，那很可能已经被植入了病毒，因为病毒运行会占用手机缓存和处理器；

症状3：通过手机杀毒软件给手机做体检，发现病毒。

发现手机"中毒"该怎么办呢？

千万别乱了阵脚，最要紧的是先止损，然后才是杀毒。具体步骤如下：

第一步：修改已绑定银行卡的应用APP的登录密码与支付密码。微信、支付宝、苏宁金融、百度钱包和银行客户端以及其他绑定银行卡且具有支付功能的应用APP，它们的登录密码和支付密码都需要第一时间修改。如有必要，还需致电银行卡官方客服，申请临时冻结。

第二步：杀毒。如果手机已经安装了杀毒软件，直接杀毒就可以啦。没安装的话，就去应用商店下载杀毒软件并杀毒。之前有种说法，恢复手机的出厂设置也可以起到杀毒的效果，但是随着病毒的更新换代，很多病毒都有隐身功能，这种方法已经不能保证100%有效了。所以，为确保安全，还是用杀毒软件来杀毒吧。

第三步：微信举报非法链接。只要收到用户举报且确认网址或链接有安全隐患，网络平台会将其加入黑名单，防止其他用户被骗。为了您和他人的财产安全，看到疑似诈骗红包或网址，动动手指，举报一下吧。

最后，风控妹再强调一句：微信或其他社交软件中传输的网址、链接、二维码和安装包等，在没有确认安全性之前，请尽量不要点击，尤其是点击后提示需要下载的更要谨慎，因为那很可能就是经过伪装的木马病毒！

资料来源：鲁岑. 收个微信红包损失3万元！骗子最新套路一定要警惕［EB/OL］.（2017-06-24）. http://news.hexun.com/2017-06-24/189770245.html.

骗子永远在与时俱进！
这些二维码扫码陷阱千万别跳

二维码在我们日常生活中的出镜频率越来越高，扫一下加微信好友，扫一下开锁共享单车，扫一下签到，扫一下打印电影票，扫一下关注常去的商铺账号接收优惠消息，扫一下付款……

随着拿起手机扫一下的行为越来越频繁，大家对扫码的态度也越来越随便。风控妹就经常在街上遇到小姑娘举一个二维码到我面前"扫码送数据线""扫码送洗衣液"，还有更简单粗暴的——直接在小区单元门上贴"扫我有惊喜"！但是，你了解扫码行为可能带来的危险了吗？

请看一个真实的案例："使用手机扫描二维码，免费赢取百万大奖"——无锡市民谢女士在路边的一台ATM机旁看到了这样一条广告，广告下面还附有一张二维码。谢女士顺手用手机扫描了一下，并按照提示下载了一款APP。但她万万没有想到，没过一天，与她手机绑定的信用卡就被盗刷了。

扫个码为啥就会被盗刷信用卡呢？是不是二维码都这么恐怖？下面苏宁金融的风控妹将为您详细解析。

首先了解二维码是什么

我们对二维码都有一个大概印象，那种密密麻麻、黑白相间、四个角好像"回"字符号的图案，手机扫一扫就能反映出我们能够接收的东西。

其实，这种二维码准确的名字是QR码，QR是Quick Respond的缩写，译为快速响应矩阵码，最多可以容纳23 000千比特的数据，相当于记录一篇1 800字的文章，具有识读速度快、信息容量大、占用空间小、保密性强、可靠性高的优势。

再来看看二维码的工作原理。

以二维码支付为例，商家先把账户、价格等交易信息编码成第三方支付平台的二维码，用户使用手机扫描二维码，第三方支付平台终端会识别这个二维码中包含的商品名称、价格等信息，然后用户只需要确认，就可以支付购买。

当然，骗子也可以把病毒下载链接、钓鱼网站网址等信息制作成二维码，或者偷偷把收款人信息替换掉。

所以，不是所有的二维码都会给我们造成损失，能给我们造成损失的是那些"诈骗二维码"。那么问题来了，诈骗二维码常用的伪装招数有哪些？大家又该如何防范呢？

下面揭露骗子的诈骗典型招数

第1种——利益引诱型扫码陷阱

伪装1："微信扫一扫，就有礼品相送"。用户扫完后，会在微信内打开注册页面或直接要求下载APP，接下来就要求用户填写个人资料，包括但不限于：姓名、电话号码、身份证号等，期间"工作人员"会不停地跟你说注册完成后就可以获得礼品。此招数常见于影楼、水果店、营业厅、手机店、商场、超市、药店、广场、展会、集市、景区、步行街等人员较为密集的场所。

伪装2："初创企业，求关注拉粉"。经常有小姑娘在地铁车厢中手拿一个二维码（或手机背面贴着一个二维码），挨个求各位哥哥、姐姐、叔叔、阿姨扫码，摆出一副可怜的样子。扫描后手机会提示下载。

点评：这些二维码多是骗子的"诈骗二维码"，骗子将下载链接或者钓鱼网站网址制作成二维码，用户一旦扫描注册，骗子就会获取用户信息，实施盗刷、转账等不法行为。退一步讲，即使用户的账户没有被盗刷，也造成了信息泄露，给自己的财物安全埋下了一颗定时炸弹。

防骗建议：（1）选择有安全扫描功能的扫码软件，最好有识别和过滤二维码的功能，可以起到很好的防范效果。例如，下载手机管家这样的手机管理软件，智能扫描二维码后再决定是否下载。（2）留意发布平台，通常来说，报纸、杂志等正规出版刊物上的二维码相对安全。（3）扫描二维码识别出应用名字后，最好到正规的应用商店下载，如果已经下载，要进行病毒查杀，确认安全再安装，即使是热门APP，也要谨慎下载使用。

第2种——偷梁换柱型二维码

伪装1：伪装成交警罚单。有车一族对交警罚单一定很熟悉，但你不一定知道罚单也有假！骗子利用了车主收到罚单时警察不在场的特点，制作了高仿真交警罚单。为了让无辜群众信服假罚单，其形式与真实罚单没啥两样，编号、盖章、落款等一应俱全，就连罚单费用也与真实罚单保持一致，只是罚单上会附上一个收罚款的二维码，并清楚写明——要求车主在一定时间内通过扫二维码缴纳罚款，否则将面临扣分与加倍处罚。然而，车主扫描后会发现——付款界面上写着"向个人用户xx转账"，而非经过官方认证的政府部门。

伪装2：共享单车开锁二维码。骗子在正规二维码旁边，贴上微信或支付宝转账二维码，甚至破坏单车原有二维码，直接粘贴骗子收款的二维码。用户一旦没有辨别清楚，扫到了假的二维码，就会跳转至骗子的转账界面。此外，骗子还常常会将自己的收款头像设置成共享单车品牌的标志，极具迷惑性。

伪装3：自动售卖机收款码。自动售卖机也是早就被骗子盯上的一块肥肉。他们制作了各种带有强烈引导性质的收款二维码，粘贴在售卖机的显眼位置，或者直接覆盖在原二维码身上，造成用户已经扫码付款，却迟迟等不来吐出的商品，还误以为是售卖机出了问题。

点评：这些二维码的诈骗招数利用虚假二维码将真实的二维码遮盖起来，用户扫码后，会在合法的第三方支付平台内完成支付操作，但收款方却不是你认为的那个。这种诈骗多发生在收款方无法参与或不方便监控的地方，整个交易过程都要靠用户自己主导完成。

防骗建议：（1）在条件允许的情况下，选择反扫码——主动向商家展示付款码，由商家使用扫码枪扫描用户手机完成交易，这样，漏洞的路径就完全被堵死了。（2）注意观察付款页面中收款方账户的名称，一般交警或其他政府机构都会在第三方支付平台上进行官方认证，收费项目则会在政府服务等功能页内，绝对不会在付款页面中显示收款方为"个人"字样。

好了，说到这里，今天的防骗科普就结束啦，真心希望您能获得这些新技能。有过受骗经历或者目睹过其他奇葩骗人手法的读者，欢迎在下方评论区给我们留言，"苏宁财富资讯"公众号将在后期继续发布各位期待看到的防骗指南。

资料来源：鲁岑. 骗子永远在与时俱进！这些二维码扫码陷阱千万别跳［EB/OL］.（2017-07-15）. http：//www.sohu.com/a/157749480_371463.

揭秘！你永远抢不到大红包，原来被"羊毛党"用手机黑卡薅走

提起红包，我就想起了去年这时候，我已经从写字楼里的美女变成了穿着花棉裤的丫头，拉上老爹老娘坐在炕上用最完美的姿势和心情迎接一轮又一轮红包，心想着——互联网大佬们准备了几亿元给大家，我人品这么好，怎么也会抢到几十上百元吧。

然而，我抢了半天微信红包，才刷到3.8元?! 感觉一年的人品又白攒了。

大红包都被谁抢走了呢?

我终于在一年后的今天找到真凶了——手机黑卡。

啥叫手机黑卡?

手机黑卡是指非实名制，或并不代表某个实体人且用于非正常用途的手机卡。例如，黑卡可以用于互联网平台抢新人券、购物券、优惠券，还可以在电商领域注册大量虚假账户刷好评、刷销量。

手机黑卡来自哪里?

手机黑卡主要来自三种地方:

(1) **虚拟运营商发放的手机卡**。虚拟运营商与我们所熟知的移动、电信、联通不同,他们并不会自建网络而是通过租赁网络的形式为客户提供服务,他们主要关注新业务的开发、运营、推广、销售等领域,所以消费者可以从虚拟运营商处得到更加多样化的服务,同时也有望获得更多"免费"的服务,就像APP Store中的免费APP一样,下载和使用都是免费的,但插入的广告才是APP开发者收入的重要来源。虚拟运营商发放的号码本来无害,但如果落到"羊毛党"手中就会成为抢红包的有利工具。

(2) **物联网卡**。物联网卡是由运营商提供的,采用专用号段满足智能硬件和物联网行业对设备联网的管理需求。例如,我们随处可见的共享单车,正是因为在其中设置了物联网卡,我们才可以在手机上实时精准地找到单车。由于共享单车等物联设备需要批量生产,所以企业可以通过提供营业执照向运营商批量申请。这种卡看起来和我们的手机卡相同,但大多数时候主要用来接收短信和使用网络流量,所以对普通人来说并不实用,但对需要大量接收验证码的"羊毛党"来说,这可是很好的作案工具。

(3) **实名卡**。这就是一张真的手机卡,因为它和你从营业厅用身份证申请过来的手机卡一模一样,只是实名的身份信息来自网络上各种非法渠道,并且最终手机卡的使用人和实名信息的人不一致,比如最近讨论火热的"趣店学生用户数据",一旦这种数据被黑卡制作商拿到,就可以快速实名办理几百万张手机卡。由此可见,实名卡的适用场景更多,危害也更大。

细思极恐,万一我们的手机丢失,岂不是白送了黑卡商一张实名的手机卡,分分钟就会被拿到黑市上变现?

怎样避免手机卡流入黑市？

努力保护手机不被偷是我们的责任与义务，但万一被偷，我们的手机卡如何能够避免流入黑市呢？设置PIN码！

PIN码全称 Personal Identification Number，它是手机SIM卡的个人识别密码，用来保护SIM卡的安全，防止别人盗用SIM卡，就像为手机设置的开机密码在手机丢失的情况下会起到保护屏障的作用。如果用户启用了开机PIN码，那么每次开机后就要输入4位数PIN码。如果三次输入错误，手机便会自动锁卡。

这么好用的功能如何设置？

（1）iOS系统操作如下：设置–电话–SIM卡PIN–设置最长8位的PIN码数字，运营商的初始密码一般是1234。

（2）Android系统操作如下：设置–安全–设置SIM卡锁–设置锁定PIN码。

风控妹经过一年的积累，已经掌握了黑卡的作案手法并且在线上部署了实时的风控服务，除夕夜，不妨去"苏宁金融APP"薅个大红包。祝亲们新年钱包膨胀，人品膨胀，运气大大膨胀！

资料来源：鲁岑. 你永远抢不到大红包，原来被"羊毛党"用手机黑卡薅走了［EB/OL］.（2018-02-15）. http://news.hexun.com/2018-02-15/192473175.html.

支付账号被盗刷案件频发！快给你的手机支付设几道安全锁

支付 APP 可以说是我们每天使用最频繁的应用程序了，买早餐、购物、缴电费、还信用卡、购买理财、申请贷款等，都可以在支付 APP 上完成。

但是，您知道吗，支付 APP 账号被盗刷的案件屡有发生：

2016 年 3 月，某支付 APP 用户在自述中表示，在其绑定的手机保持该支付 APP 登录状态下，他人使用其他手机不仅顺利登录了其支付 APP 账号，还发生了两笔大额消费，共计 2.5 万元。

另一位网友在微博上公布了自己支付账户被盗的遭遇——在没有任何提醒的情况下，他支付账户中绑定的银行卡被盗刷了 1.5 万元，只给他留下 0.1 元。

为了防范支付 APP 账号被盗刷，不妨学习一下下面几招新技能：

（1）开启支付 APP 的相关应用权限。

在手机桌面点击"设置"，进入到"权限管理"，切换到"应用视图"，点击某个支付 APP，就会呈现该支付 APP 的应用权限，可能有"存储"、"位置"、"电话"和"相机"等选项。

首先，我们需要打开"您的位置"权限。这是因为支付公司会根据您所处的位置进行风控。如果支付风控引擎检测到你经常在南京的新街口、鼓楼消费，但是突然有一天，风控引擎发现你在某个你不经常消费的时间段（比如深夜），或者在一个你从没去过的小城市购买 iPhone 8 手机，就会及时采取风控措施保护你的支付账户安全。

存储	●
您的位置	●
电话	●
相机	●
短信	○
通讯录	○
设置单项权限	>

其次，"相机"选项的权限也需要开启。这是因为现在支付APP中刷脸登录、刷脸支付已经很普遍，在你忘记密码的时候，可以用"刷脸"来完成验证。而刷脸验证让账户盗取的难度大大增加了。

（2）为你的支付APP上一道"生物锁"。

现在经常有"熊孩子"，为了打网络游戏，偷偷用家长的支付APP去购买游戏道具、打赏网络主播。毕竟，家长的手机一般不防孩子，手机解锁密码也会告诉孩子，如此，孩子就可以随心所欲地私自支付。

有没有防范措施呢？我们可以给支付APP设置一个"生物锁"，比如设置发生转账、消费行为必须用"指纹识别"进行身份验证。如此，我们的支付APP就能一定程度上避免别人盗用我们手机进行支付的风险。那怎么设置呢？很简单：进入到支付APP的"支付设置"或者"安全中心"，就可以去开启指纹支付权限了。

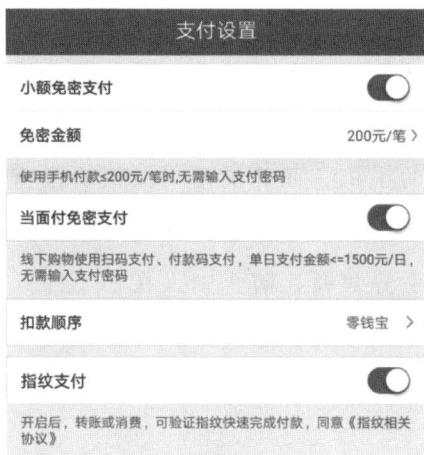

（3）活用"支付保护中心"功能。

现在手机厂商，都会开发面向支付、金融和银行APP的"支付保护中心"功能，如果你开启了该功能，且将你的支付APP选择放入"支付保护中心"，"支付保护中心"会为你的支付APP提供安全启动、硬件加密引擎、安全输入法、Root检测、反调试、交易短信反窃取、恶意程序控制、WLAN安全检测和锁屏密码检测等服务，多方位地保障你的支付APP安全。

（4）为支付APP设置手势解锁。

我们在用支付APP完成转账、支付之后，就会切换到新闻客户端或者音乐客户端去了，这时支付APP并没有关闭，而是在后台默默运行。如果这时有人能够拿到你的手机，而你的手机又恰恰没有锁屏，那么他就能看到你支付APP中的理财、账单等信息，甚至可以进行转账操作。所以，我们要为支付APP设置手势解锁，防止别人在你不注意的时候偷偷使用你的支付APP。

忘记手势？切换账户

（5）开启账户安全险，加一份保障。

正规的支付公司，都会为客户提供支付账户安全险的保障，您只要花费1~2元钱购买一份账户安全险，您的支付账户就可以获得1年之内累计多次赔付可达100万元的保障。这个账户安全险，可以在您的支付APP的"账户安全中心"予以点击购买。

最后，需要提醒的是，保障支付APP安全的最根本的办法，还是选择一个正规大公司开发的、具有第三方支付牌照的支付APP，且该支付APP具备较强的安全技术和全面的风控保障，比如支付宝、苏宁金融APP、微信支付等。

资料来源：孙扬. 支付账号被盗刷案件频发！快给你的手机支付设几道安全锁［EB/OL］.（2017-10-22）. http：//money.hexun.com/2017-10-23/191319899.html.

小心支付账户"自动扣款"功能，无需密码就能划走你的钱！

前不久，有网友在知乎上投诉某视频APP不经用户同意就擅自划走他支付账户里的钱。

该网友投诉称，他下载该视频APP，按提示绑定了支付账号，免费试用了黄金视频会员7天服务。不曾想，免费试用期到期后，该APP居然每月定期从他的支付宝账户扣15元会员费，且不需要密码验证。当网友发现后，想停止扣费也找不到办法，只能眼睁睁地看着账户里的钱被扣走。

不需要密码，支付账户的钱也可以被扣走，这是为什么呢？

这是因为支付账户最近几年新推出了"自动扣款"功能。

当你在平台APP进行支付会员和商品费用的时候，你可能会遇到一个电子协议，没有注意就点击了同意协议。电子协议中可能有以下内容：当本次支付完成之后，你同意支付账户打开"自动扣款"功能，你的下个月会员费将自动续费，通过你支付账户的"自动扣款"功能完成支付。

原来是因为这个"自动扣款"功能！

那么，我们如何停掉这个"自动扣款"功能呢？

其实很简单，下面就以常用的支付宝和微信支付为例，介绍一下如何关闭"自动扣款"功能。

1.支付宝中这样关闭"自动扣款"功能

进入"我的页面"→选择"设置"→支付设置→自动扣款→选择要关闭自动扣款的项目→终止该应用的自动扣款→确认解除该商户协议→完成关闭自动扣款。

2.微信中这样关闭"自动扣费"功能

进入微信→选择"我的钱包"→点击右上角"支付中心"→选择"支付管理"→点击"自动扣费"→选择要关闭"自动扣费"的项目→点击"停止扣费"。

综上所述，大家在手机上支付消费的时候，还是长点心眼儿，对于各种用户协议都睁大眼睛看好，尽量不要让第三方应用APP轻易获得你的支付账户"自动扣款"的权限，减少不必要的损失。

资料来源：孙扬. 小心支付账户"自动扣款"功能，无需密码就能划走你的钱！[EB/OL]．（2017-11-24）．http：//www.sohu.com/a/206290753_371463

注意！手机卡可盗刷银行卡！这种手机绑卡习惯一定要改！

当前，又有一种盗刷新招数面世——通过补办你的手机卡，对你的银行卡进行盗刷。

请看下面的案例：

2015年3月，武昌一刘姓女子发现手机突然没有信号，补办手机卡时得知SIM卡被人在异地冒名补办，接着关联支付账号的银行卡里的2万多元，被"给他人充话费"的方式盗刷。

2016年3月，家在陕西的小魏突然发现自己手机没有了信号，他拨打客服热线发现有人刚刚在营业厅持身份证补办了手机卡，并立刻办理了预约业务，导致小魏无法通过电话客服给新手机卡办理停机。随后的1个小时里，小魏眼睁睁看着他的银行卡被盗刷了7万元。

或许有人会问：为什么骗子没有我的身份证，怎么能够补办我的手机卡呢？

没有你的身份证，就无法补办你的手机卡？其实不然，做假证的通过"身份证合成器"，输入你的姓名、身份证号码、地址等信息，只需几分钟，逼真的假身份证就出炉了。

也许你会说：假身份证不能通过运营商营业厅的二代身份证检测仪啊。

错！并不是所有的运营商业务办理点都有身份证检测仪，业务员可能只是大概看看身份证原件就完事了。

网上流传的身份证复印件合成器，做出来的效果比真身份证复印件和扫描的身份证还清楚。

如果不法分子补办了你的手机卡，可以通过短信验证码的方式重置密码。

下面，以大家最常用的支付APP为例，打开支付APP，在"我的"TAB页面的最上方有个"设置"，由此进入到支付设置页面，选择"密码设置"，进而选择"重置支付密码"，通过手机验证码接收，进行重置支付密码即可。随后，不法分子就可以通过快捷支付、充话费、转账、购买高档消费品等方式完成盗刷。

那么，我们该怎么防备不法分子的盗刷行为呢？下面给出3方面的建议：

（1）通信运营商营业厅必须强制要求配备二代身份证检测器。通过仪器核实身份证的芯片，同时引入人脸识别核验系统对办理人员和身份证进行人证对比，确保身份证的真实性。从补办手机卡业务的办理场所入手，切实堵死不法分子冒名补办手机卡的可能性。运营商业务人员也应该通过询问话费消费情况，常用的手机联系号码等方式核实补办人的身份。

（2）支付公司为修改支付密码提供多重因子验证手段，提升密码设置的安全性。例如，苏宁金融APP中提供了银行卡信息+短信、身份证号+短信、身份证号+脸部信息、银行卡信息等四种修改密码时的身份验证方式。这样从支付渠道层面增加了补卡盗刷的难度。

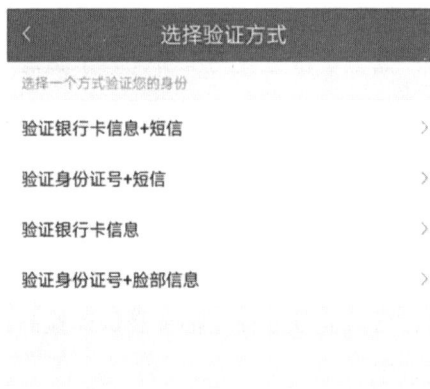

（3）用户在选择快捷支付绑卡时，尽量不要将工资卡或者理财使用的银行卡作为快捷支付的银行卡，可以用资金较少的其他银行卡作为快捷支付绑定银行卡的选择。同时在手机银行中，合理设置银行卡快捷支付消费的限额，降低银行卡被盗刷时可能造成的损失。

资料来源：孙扬. 注意！手机卡可盗刷银行卡！这种手机绑卡习惯一定要改！［EB/OL］.（2017-12-07）. http://money.hexun.com/2017-12-07/191899269.html.

信用卡一夜被盗刷5.3万元！
只因不懂使用这个功能……

你认为信用卡境外盗刷离你很远吗？其实一点都不远。

2016年10月份，一名记者早上醒来之后，惊恐地发现自己的信用卡一夜间被境外不法分子刷爆了，从00：10到00：12之间，3分钟之内被盗刷三次，盗刷订单金额总计高达8 036美元（合计约5.3万元人民币）。

因为盗刷是在境外发生的，损失追回大费周折。她花费了4天时间，通过几十次跨国电话、邮件和在线客服沟通才挽回了损失：

（1）第一天凌晨，打电话给信用卡客服热线，冻结信用卡账户。

（2）在自动取款机上查询信用卡余额，向银行证明自己当前在境内。

（3）打电话给110报案，被安排给住所附近公安局处理。

（4）公安局来电话咨询案情，提示转接电话到她住所附近的派出所处理。

（5）她住所附近的派出所来电话了解情况，需要她联系银行开具盗刷证明。

（6）打电话给发生第一笔交易的境外网站客服，提供卡号说明被盗刷，第一笔交易损失挽回。

（7）对于第二笔交易的境外网站，没有电话，她通过在线客服沟通，并电话确认后，取消了交易。

（8）联系银行开具盗刷证明，传真到报案地派出所。

（9）第二天，致电第三笔交易的境外网站客服，通过邮件说明、总部电话沟通，记录事件始末，确认2个工作日之内取消交易。

（10）第四天，第三笔交易取消，损失追回。

这名记者算是幸运的，信用卡被盗刷了三次，交易的网站也有电话和客服可以沟通。如果盗刷涉及的网站和商户十几家、几十家呢？如果对方没有联系方式呢？你根本没有办法一家一家去沟通清楚。

就当前而言，信用卡境外盗刷案件屡禁不止，在百度上输入"信用卡境外盗刷"，立马就能出现340万个搜索结果。在重庆警方调查境外盗刷的一个案件中，一名消费者的一张双币信用卡，一夜之间在境外被疯狂盗刷46次，涉及几十个网站和商户，追回损失困难重重。

那么，有没有防止信用卡境外盗刷的简便办法呢？有！

下面以中国银行信用卡为例，演示"一键锁卡"防范境外盗刷的操作流程：

（1）打开中国银行缤纷生活APP，点击下方的"用卡"，进入信用卡界面。

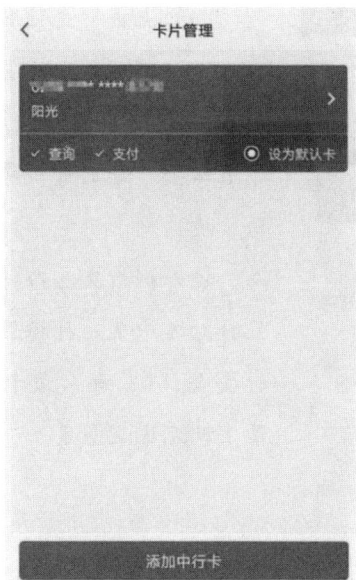

（2）点击信用卡界面中一张信用卡的"卡片管理"按钮，进入卡片管理页面。

（3）点击卡片管理页面上方右侧的小箭头">"，进入"卡片信息"页面，如图所示。在"卡片信息"页面中部，有"支付安全锁"配置入口。

（4）点击"支付安全锁"入口，进入左图所示的支付安全锁配置页面。可以看到，支付安全锁有四个，分别针对境内无卡交易、境内刷卡交易、境外无卡交易、境外刷卡交易四种场景。如果针对其中某一种场景打开"支付安全锁"，那么该卡在这个场景下就无法交易了。

值得一说的是，无卡交易指的是信用卡网上快捷支付，刷卡交易指的是用实体卡在线下POS机刷卡支付。如果别人拿到你的卡号、卡的安全码后三位以及你的个人信息，在境外就可以无卡网上支付了。如果别人捡到了你丢掉的信用卡，他在境外也可以刷卡支付，因为在境外刷VISA/Master Card等信用卡根本不需要验证密码，只需要签字即可。

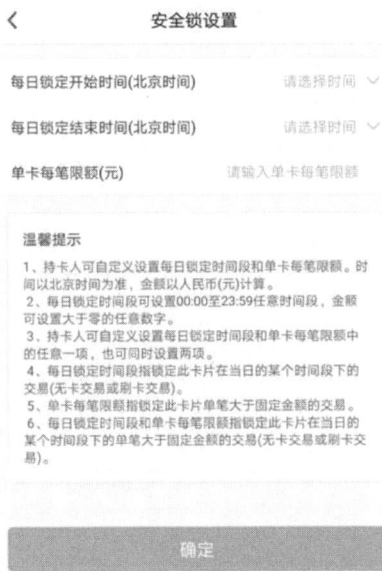

安全锁设置

每日锁定开始时间(北京时间)　　　　　请选择时间 ∨

每日锁定结束时间(北京时间)　　　　　请选择时间 ∨

单卡每笔限额(元)　　　　　请输入单卡每笔限额

温馨提示

1、持卡人可自定义设置每日锁定时间段和单卡每笔限额。时间以北京时间为准，金额以人民币(元)计算。

2、每日锁定时间段可设置00:00至23:59任意时间段，金额可设置大于零的任意数字。

3、持卡人可自定义设置每日锁定时间段和单卡每笔限额中的任意一项，也可同时设置两项。

4、每日锁定时间段指锁定此卡片在当日的某个时间段下的交易(无卡交易或刷卡交易)。

5、单卡每笔限额指锁定此卡片单笔大于固定金额的交易。

6、每日锁定时间段和单卡每笔限额指锁定此卡片在当日的某个时间段下的单笔大于固定金额的交易(无卡交易或刷卡交易)。

确定

（5）当打开"支付安全锁"开关的时候，会进入下面的页面，设定卡片锁定不能交易的时间和单卡每笔的交易限额。如果你怕信用卡大半夜被盗刷，可以设置支付安全锁的时间为00：00到08：00；如果你近期不需要出国旅行的话，就可以为境外无卡交易/境外刷卡交易设置全天的支付安全锁，别人拿到你的卡片信息也不能进行盗刷了。

看到这里，相信你已经掌握了防盗刷技巧。为了你的财产安全，赶紧给信用卡设一个"支付安全锁"吧！

资料来源：孙扬. 信用卡一夜被盗刷5.3万元！只因不懂使用这个功能…… ［EB/OL］.（2017-12-21）. http://bank.hexun.com/2017-12-21/192039611.html

发个二维码被骗1500元！教你开启微信钱包锁，让骗子无缝可钻

钓鱼网站、诈骗短信、紧急电话骗局……现如今，欺诈分子的花样层出不

穷，其中以支付和转账为技术手段的骗局常常让大家防不胜防。

以下是一则媒体新近报道的微信支付诈骗事件：

小赵在朋友圈做微商，有一天收到一个昵称叫"美美"的人要购买眼霜，"美美"称自己当日红包和转账金额已超额，让小赵发商家收款二维码给她扫码付款。

就此，小赵将收款二维码截图发给了"美美"。但"美美"称该收款二维码不对，并诱导小赵将付款码发给她。

在"美美"的提示下，小赵一共发送了3个付款码，最终损失了1 500元。

为了让广大读者不再成为下一个受害者，不再因受骗而耳边萦绕"凉凉"，本文将重点围绕微信支付，给大家介绍几点微信反欺诈的小技巧。

技巧1：认准微信红包的唯一长相

看见红包手就痒，你有没有？

不法分子正是利用大家着急抢红包放松警惕的心理，制作假红包骗取点击。在这里科普一个防范技巧，那就是微信官方红包真身只有下面这一种标识：

换句话说，真实的微信红包不会以任何超链接的形式显示，任何以其他形式显示的微信红包都不是微信官方红包，同时真实的微信红包也是不能撤回的

哦。所以，红包还得抢，但需认准了再抢。

技巧2：设置微信账户的转账到账时间

最近的Facebook泄密门告诉大家一个道理——诈骗分子的技术堪称武装到了牙齿，连马克·扎克伯格这类IT精英都要背锅，我们普通人的数据泄露可以被认为是大概率事件。这也是不法分子容易获得我们身边朋友的名字和相关信息，在微信上冒名顶替借钱的骗术得以存在的原因。

在这里教大家一个技巧来防范这种骗术：微信转账有一个非默认功能，即可以设置转账到账时间。下面讲解下具体步骤：

（1）进入微信，点击右下角标签"我"，进入如下界面：

（2）点击"钱包"，进入左侧界面：

（3）点击"钱包"界面右上角的四叶草标志，可以看到下一级"支付中心"菜单。需要说明的是，此菜单的表现形式因手机操作系统而异。左图以iPhone手机为例进行演示。

（4）点击"支付中心"页面的"支付管理"，进入左图的支付管理页面，点击黑框标注的"转账到账时间"选项，将其改为"24小时到账"。

这样，微信用户的转账完成以后，钱款24小时才会到账而不是立即到账，这期间，如果发现被骗，可以联系银行和微信支付客服，及时停止转账行为。这个技巧等于为微信转账设置了一个"黄金撤回"时段，能很大程度阻止钱款损失。

技巧3：开启微信钱包锁

在说此技巧之前，先提醒大家：

设置手机开机密码。

设置手机开机密码。

设置手机开机密码。

重要的事情说3遍。

即使我们设置了手机密码，在日常生活中难免还有被坏人见缝插针、趁虚而入的机会。譬如，手机一旦被偷，微信钱包里的钱就危险了。开启手机上的微信钱包锁，相当于加了双重保护，配合指纹开锁，既便利又安全。

開啟的方法很簡單，在前文提到的"支付中心"頁面下，點擊"支付安全"，會看到如左圖標示的"錢包鎖"選項，選擇並設置"指紋解鎖"或"手勢密碼解鎖"即可。

技巧4：微信掃碼支付的幾點須知

二維碼如今在生活中無處不在，可以說是移動支付技術的門戶。然而，二維碼制碼技術的門檻比較低，不法分子很容易偷換二維碼，製作夾帶惡意病毒的程序或後臺扣費軟件。

所以，大家在掃碼時需格外謹慎，尤其要注意商場促銷類二維碼，這類掃碼行為往往需要用戶進一步輸入個人信息，有可能造成用戶身份信息的泄露。

另外，要分清付款二維碼和支付二維碼的區別。付款二維碼相當於銀行卡的賬號密碼信息所以要格外注意保護。如果你在掃碼支付，有人聲稱無法識別二維碼圖片，需要你提供付款二維碼截圖或者拍照圖片時，可千萬不要上當哦，因為如果給了那就相當於將自己的銀行卡和密碼給了別人，後面會發生什麼你懂的。

另外，需要提醒各商家、店主的是，要格外注意自己店內貼出的付款二維碼，以防被不法分子偷梁換柱從而出現經濟損失。

好了，關於微信支付的幾點反欺詐技巧，就介紹到這裡，希望能對您有所幫助。如果您有时间，不妨现在就动动手指，做好防范措施，让潜在的诈骗分子无功而返，铩羽而归。

资料来源：王元. 发个二维码被骗1 500元！教你开启微信钱包锁，让骗子无缝可钻［EB/OL］. (2017-12-21). https://www.sohu.com/a/230413570_371463.

女子网购退款不成反背7万元贷款！骗子的诈骗手法在升级

你花了几小时淘了些美衣靓包，却可能被告知网购订单出现系统卡单（参见下图），随后而来的可能就是几千元乃至几万元钱财的付之东流……

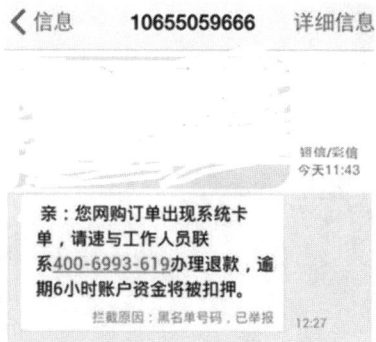

在我们"剁手"的同时，不法分子也从移动支付和网络购物的普及中找到了生财之道，他们通过各种途径把高额资金骗到手，而受害者却面临资产变零甚至到负资产的窘境。

下面将介绍两个现实生活中真实发生的案例，以便您对"网购退款诈骗"有一个深刻的认识。

案例1：客服人员来退款，连环骗局等你钻

前不久，家住合肥的黄女士网购后接到了一个客服短信，紧跟而来的是"客服人员"的电话，对方在电话里说——因为支付系统在交易时出了问题，目前该笔交易资金已经被冻结，希望黄女士申请退款，退款成功后再重新交易。由于"客服人员"态度极其诚恳又能很详细地说出黄女士网购交易的时间、衣物信息，所以黄女士就信以为真了。

随后，"客服人员"发来一个网址链接，点开后显示"异常订单服务中心"。"客服人员"让黄女士按照提示，提供个人姓名、银行账号和密码等信息。黄女士一一照做。

异 常 订 单 处 理 中 心

亲！欢迎进入＿＿异常订单处理中心为了您的资金安全请配合好我们客
服人员的工作！在点击"开始操作"之前，请暂时先退出＿＿以及．
'以免影响您的退款操作！谢谢您的合作！

安全退出用户后请点击"开始操作"进入退款流程！

开始操作　　取消操作

结果，在黄女士输入验证码时，她收到银行的短信："您正在付款 2 000 元，付款验证码为×××××"，此时她才发觉这退款是场骗局，自己差点被骗了2 000元!

案例2：口袋没钱也被骗，退款不成反背债

2017年5月，重庆的姚女士接到一个电话，一位男子在电话里告诉姚女士，她购买的衣服有质量问题，厂家需要回收销毁，现在通过支付平台把货款退还。

姚女士按照该男子的要求，通过支付软件关注了一个贷款服务平台，在她注册及输入身份信息后，平台给出了可以无抵押贷款的额度7万元，在继续操作后，她关联的银行卡内收到了这7万元。

此时，男子称这7万元是他打过去的，姚女士需要退回给他，只留下衣服的钱就可以了，姚女士信以为真，通过网银转给了对方。

可此时骗子并没有结束诈骗，不一会儿，姚女士突然收到银行发过来的一条"无卡自主消费一万元"的短信，随后男子打来电话称她的事情没有处理完，还需要按要求操作一下，不然银行卡上的钱就会一直这样被"无卡自主消费"。

已经被吓到的姚女士并没有做过多思考，便按照要求将自己银行卡上本来存放的6万余元转到男子提供的银行账号上。等她回过味来，准备详细了解一

下情况时，发现对方的手机已无法接通，而此时她的银行卡内的现金已经被骗光，而且莫名其妙贷款了7万元，如果不及时还款将面临巨额利息，会影响征信！

小贴士：四招将网购退款诈骗挡在门外

读到这里，大家一定会想，如果我正在走退货的流程，或者说一旦接到了模棱两可的退货电话，总不能因为害怕被骗而忍受着对货物的不满意吧？在此，告诉你几招如何辨别诈骗和保护自己利益的方法：

1.在网购商品时，使用电商平台提供的客服交流系统进行沟通，以便保证购物过程的记录完整，遇到问题方便申诉解决，并且可以有效提示和拦截站外钓鱼网站。

2.对于出现商品质量问题、交易异常或发货缓慢的情况，一定要通过电商购物平台的官方渠道核实，通过平台提供的商家的联系方式，直接与所购买的商家确认沟通。

3.如果遇到"您的网购交易存在异常或无法发货，需要给您进行退款或解除交易异常"这样的提示，一定要特别提高警惕，你很可能正在遭遇退款诈骗。所谓"卡单""掉单""交易异常""解冻订单""异常订单处理"等词汇全部都是诈骗专用术语，正规电商的网络交易平台上不会出现这些词汇。

4.不要随意扫描陌生人发来的二维码，更不要轻易点开陌生人发来的网址链接，对于陌生电话或短信不要轻易透露自己的任何信息。

把握了以上几点，骗子想骗到你就很难了。

（资料来源：朱琨. 女子网购退款不成反背7万元卡债！骗子的诈骗手法在升级［EB/OL］.（2018-06-03）. http://column.caijing.com.cn/20180604/4464421.shtml.

回复一条短信，账户被洗劫5万元！遇到五类手机短信要提防

假装领导、明星、同学，冒充公安局、银行的诈骗套路，对我们来说似乎已经屡见不鲜，甚至我们还能和骗子过个一招半式。

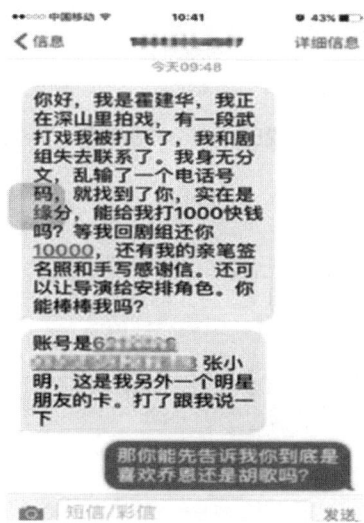

当我们还沉浸在与骗子斗智斗勇的喜悦中的时候，骗子们把短信诈骗又玩出了新花样：

不久前，深圳一男子发现自己的电商账户遭人恶意盗刷，一夜间被洗劫了5

万多元。后来他才意识到，自己的手机号曾被陌生号接管，而这竟是因为自己不小心回复了一条关于办理添加手机副号业务的短信！

据了解，运营商提供办理副卡业务，在现有手机号码的基础上不换机不换卡，可以增加一个或多个（最多3个）手机号码。用户只要用主号手机编辑短信"办理副卡业务序号+目标手机号码"发送给运营商，该目标手机号码会收到一条来自运营商的确认短信，回复Y就能成功申办副号。而一旦副号手机关机，电话和短信都会被主号手机接管，主号手机可以肆意地接收副号的验证码，尽情地在其电商账户做消费分期和申请贷款。

虽然目前运营商已经对"一卡多号"业务出现的漏洞进行了修复——需上传身份证进行实名认证才能办理副卡业务，但是类似这种办理业务的诈骗招数还有很多，例如下图所示：

骗子通过群发短信诱导你向10086发送换卡业务需求，图片中的"HK"表示换卡业务序号，后面的号码为骗子手里新SIM卡的临时号码。如果你收到10086的换卡确认短信并回复Y，你的电话号码就到了骗子的卡上，那么骗子拿到你的手机号就可以为所欲为了。

可以说，骗子的花招只有你想不到的，没有他们办不到的，我们的知识更新速度远远赶不上骗术的"创新"速度。

那么，如何才能尽可能减少"上钩"的概率呢？针对常见的短信诈骗招数，笔者在这里整理了几招防坑术。

1.带有银行卡号的短信，直接删除。虽然这类带有银行卡号（如下图所示）的诈骗招数看起来很低级，但我们不能否认还是会有人上当受骗。不管骗子将短信编辑得多么令人信服，总之看到这类带有银行卡号的短信我们基本可以直接删除了。

2.让你办理业务的短信，不要直接回复。一定要看清楚短信内容，不可随意回复，对自己不熟悉或者自己没有办理过的业务，应及时拨打官方客服电话或者亲自去营业厅咨询。

3.让你发送验证码的短信，不要相信。登录网银、网上转账、网上购物等，都需要输入手机验证码来保障我们的账户安全。因此一定要记住，运营商只会单向告诉你验证码是多少，不会要求你把验证码再次发送给他（她）。

4.带有链接的短信，需向官方客服核实后再查看。不管是收到银行还是各种购物平台的此类短信，只要短信中带有链接（如下图所示），我们就要提高警惕了，因为这很可能是一条钓鱼链接。钓鱼网址有两大危害：（1）含有木马病毒，比如中毒后向通讯录好友群发诈骗短信；（2）通过虚假"钓鱼"界面获取你的银行卡、身份证、电话、验证码等个人信息，直接"洗劫"你的第三方账户或者网银。针对此类短信，一定要谨慎打开，最好是向官方客服核实之后再查看。

5.出现繁体字、错别字、乱码的短信，直接删除。这类短信一看就不是什么"正经"短信，直接删除了吧。

最后，重点提醒——开通手机短信拦截功能。手机短信拦截功能，能有效帮助我们过滤掉各种垃圾短信、已被举报过的手机号短信等。同时，如果你收到疑似诈骗短信，莫慌张，可拨打相关运营商的客服电话进行举报。

资料来源：徐志娟. 回复一条短信，账户被洗劫5万元！遇到五类手机短信要提防 [EB/OL].（2018-07-01）. http：//baijiahao.baidu.com/s?id=1604678395251455 293&wfr=spider&for=pc.

注意！新的二维码诈骗套路来了！已有大学生上当

移动支付时代，扫描二维码已经成为我们生活中最稀松平常的事儿。微信扫码支付、支付宝扫码支付、苏宁支付扫码支付，甚至我们现在走高速都可以直接扫二维码通过。小手一划，轻轻松松就搞定了之前还要掏钱、数钱、给钱、拿钱的操作。

这些二维码虽然看起来方便，但是一不小心，你可能就要付出钱财损失的代价。

发生在我们身边的骗局

在此举一个真实案例：

笔者的同学阿楠是共享单车的资深爱好者。一日，在她准备向南京珍珠泉进发时，掏出了手机，对准了路边停放的小黄车，一开始扫码页面总是提示加载错误，于是她转向了旁边的另一辆小黄车，扫完码等付款页面弹出，她看都没看直接选择了付款，迫不及待地开启了骑行之旅。畅游完毕，晚上她习惯性地使用记账 APP 开始记录一天的花销，却发现莫名其妙多花了 298 元。等她翻遍自己各种 APP 的付款转账记录，发现在扫小黄车 1 元码的时候，付款的不是 1 元，而是 299 元！

这其实是一场不算高明的骗局。下面请听阿楠的分析，一开始扫码不成的那辆小黄车可能就是一个饵，有的人急用车，就会直接选择它旁边的车，为了赶时间看都不看直接扫码付款，从而掉进了骗子设下的陷阱。但是，如果她不赶那几秒呢？看一看转账金额和官方报价的差距，就会意识到，这真的就是一场简单的骗局而已。

然而，骗子的手段绝非只有替换二维码这一招，让我们拿出手机，打开搜索引擎，输入"扫描""支付""被骗"这些关键字，就会发现，骗子花样迭出，真的是让人防不胜防。

比如，骗子在朋友圈晒扫码领红包、晒扫码领 XX 产品，骗到你的付款码后实现多笔随意刷单；

再比如，后台甩给你一个二维码链接，要求你扫一扫按提示进行操作，结果一扫手机就被植入恶意代码，变成骗子的"取款机"……

这些绝不是危言耸听。在这些可怕的案例里，二维码，这个我们认知中的极速搞定一切生活所需的"李逵"，已经被从事黑产的不法分子偷偷换成了盗窃我们信息、骗取我们钱财的"李鬼"。

黑产分子的两大诈骗路径

那么，从事黑产的不法分子是如何实现二维码诈骗的呢？

首先，要知道，二维码的制作成本很低廉，随便一个在线二维码生成器就可以生成。

二维码利用了二进制原理，由许多小块构成，在这些小块里，白色代表 0，黑色代表 1，这些数字经过排列组合得到一个矩阵，然后通过特定的算法编译信息，这些信息可以是文本、图片、网站链接、安装包、文件、视频等。

这些二维码本身不存在问题，就像"李逵"这个代号一样，可是，在扫码前，你不知道之后面对的是"李逵"还是"李鬼"，本来找"李逵"最后却跳转到"李鬼"，这就出现了大问题。

"李鬼"带来的是恶意病毒窃取信息、恶意软件应用强行扣费、恶意伪造商户网站盗刷盗付等恶意攻击。这是黑产攻击我们的第一种路径。

第二种路径就是前面所举的阿楠的案例，黑产从业者直接通过替换二维码的方式发起攻击，二维码是正常的，不正常的是黑产从业者企图用正常的方式掩盖罪恶。

如何防范黑产的攻击？

看到这里，也许有人会问：既然黑产无孔不入，防不胜防，那么我们怎么做才能守好自己的私密信息不致钱财受损呢？

以下，笔者根据黑产的两种攻击路径，分别给出建议：

1.针对第一类恶意病毒或软件攻击，需做到5点：

（1）选用专业扫码工具扫描二维码，扫码前还要注意开启杀毒软件，比如360、腾讯管家等。扫码后，一旦软件发出安全提醒，迅速进行杀毒操作。如果遇到页面要求先下载应用软件再进行支付的情况，直接选择正规安卓应用商店或者APP Store下载自己想要的应用，并咨询官方是否有二维码扫描下载应用软件再支付的这种操作，不要怕麻烦。

（2）二维码指向的附带文件、视频等，尽量不要下载，先询问给码人员文件来源，确定渠道真实可信后方可下载。

（3）二维码指向的网站链接，事先开启杀毒软件，这些软件在我们浏览虚假钓鱼网站时会及时发出警报。但是也不能完全依赖于杀毒软件，最好还是要查明该网站是否通过了可信验证（中国互联网络信息中心网站下方即可开启查询），为我们提供双保险。以上任何一类操作未进行时，千万不要输入敏感信息，严保个人安全。

（4）二维码指向某商家、某用户的付款界面，尽量与该商家、该用户当面进行交易并请对方予以确认。

（5）利用微信、支付宝、苏宁支付进行支付管理。

A.微信支付选择以下设置方式：点击钱包，选择右上角四叶草标志，选择支付管理，开启指纹支付提升支付安全性，转账时间设置为24小时到账。如果自己真的付款给恶意账户，可跟微信客服直接联系，这段时间还可以用于追回钱款。

B.支付宝选择以下设置方式：点开支付宝进入"我的"页面，选择"设置"，进入"安全中心"，开启"指纹/手势解锁""数字证书""暗号"功能，返回"设置"，选择"支付设置"，自定义扣款顺序，可以优先设置金额较少的零钱、余额宝，再设置金额较多的银行卡，一旦发生问题，可以及时冻结资产止损。

C.苏宁支付选择以下设置方式：

打开苏宁金融APP，点击右上角的按钮进入"支付设置"页面，设置"免密金额"和"当面付免密支付"，设置"扣款顺序"和"指纹支付"功能，进入账户安全中心，选择使用"安全保护工具"多重保障账户安全，必要时可以使用"急救工具"挽回损失。

2.针对第二类替换二维码诈骗，需做到以下3点：

（1）正常商家平台贴出的二维码，一般不会采用普通纸、胶质纸打印，一些做自营生意的卖家可能会采取这种方式。在这种情况下，要依据商量好的金额付款，并且当面跟卖家确认。

（2）如果发现原二维码之上加贴了一张大的、新的二维码，用手指触摸发现中间有方形凸起，或者发现二维码周围出现明显的刮擦、撕取痕迹，比如周围存在细小擦痕较多、撕取不干净等现象，尽量避免扫描。

（3）若一个地方有多个二维码，一定要留心注意，如果不小心扫描了假冒二维码，及时退出付款页面。

掌握了上述小技巧，我们就能大概率成功躲避黑产一波又一波的欺诈攻击。

资料来源：徐志娟.注意！新的二维码诈骗套路来了！已有大学生上当［EB/OL］.（2018-06-07）. http://baijiahao.baidu.com/s?id=1603320708548030935&wfr=spider&for=pc.

第 4 章

隐私保护类

如果你接到过这个电话，
说明你的个人信息被泄露了

房子还没交付，你就被各种装修公司和家具公司的推销电话轮番骚扰？

按揭的汽车还没拿到，你就接到了来自各色汽车配饰和车险公司的推销电话？

……

相信大家都有过类似经历。

不知从何时起，我家的事忽然变成了"大家"的事，这事除了买家知道卖家知道，连面都没见过的陌生人都知道。

那"陌生人"到底是从哪里、又如何获取我们个人信息的呢？

近日，美国最大的社交网站"Facebook（脸书）"被曝5 000万用户数据遭到泄露。受此影响，Facebook股价大跌，市值一夜间蒸发了367亿美元，其CEO扎克伯格也是斯文扫地，不仅在《泰晤士报》《纽约时报》《华尔街日报》等英美主要媒体刊登"致歉信"，还被美国官员要求出席于2018年4月10日举行的关于数据隐私的听证会。

风控妹大概分析了下Facebook数据泄漏的路径，简单点说就是某公司在Facebook上以"测性格，领奖金"为噱头发布了一个小程序，小程序本身所问的是一些关于性格等无关痛痒的小问题，用户回答完后可以得到5美元的奖金，但是，用户在做性格测试之前需把部分Facebook信息授权给这个第三方程序，这其中不只有头像、昵称，还有用户在Facebook上的好友列表和好友的一些状态信息。

于是，成千上万的人做了这份性格测试，成千上万份数据也通过这个小程序到达了不靠谱的第三方，这就是泄密门中所说的 5 000 万用户信息的来源。

接下来，第三方数据分析公司利用这些数据构建了一个算法，用来分析 Facebook 中的个人简介并确定与投票行为相关的个性特征。这些特征可以用来锁定在选举中态度摇摆不定的选民，并针对他们制作更有可能引起共鸣的定制化消息，最终影响选举的结果。

整个过程看起来几乎是无懈可击，但请注意一点——"在性格测试之前，需要用户同意把自己 Facebook 相关的个人信息授权给小程序开发者使用"。这就相当于你为某个身世来历完全未知的访客敞开了你家的大门，或者至少是其中一个房间的大门，访客可以自由进入参观拍照，而你也无权知道这些照片会被用来做什么，因为你已把照片所有权授权给了访客。

公务员非法贩卖企业信息

如果说，一些科技公司是因为疏忽了对第三方公司数据使用的监管最终造成了泄漏，那某些职能部门的管理人员因为贪婪而将用户个人数据对外售卖就罪无可恕了。

2018 年 3 月 21 日，南京市中级人民法院判处南京市一名机关单位公务员刘某四年有期徒刑、9 万元人民币罚金，原因是刘某利用职务便利非法泄漏 82 万余条包含个人信息的企业信息。

其售卖的信息主要包括企业名称、企业法定代表人或联系人姓名、居民身份证号、手机号码、固定电话号码等信息在内的企业信息，而这些信息经过转售后，被某些公司用来拨打电话推销业务。

而上面两个案例只是很多个人信息泄漏渠道中的两个，暴露出的只是冰山之一角。

设置"权限管理"更好地保护隐私

当然，无论是法律还是科技都会为了更好地保护个人信息安全而不断发展，比如最近两年的全国两会上，年年都有人大代表提出个人信息保护的问题，建议内容包括：改进实名信息采集方式，减少实名信息采集的内容；加大监督检查力度，建立第三方评估机制，督促网络运营和公共服务单位严格依法收集用户信息；建立健全内部管理制度，有效降低"内鬼"窃密风险等。笔者相信，相关法律早晚都会落地。

但在立法落地之前，我们该如何保护个人信息不被不明不白地获取和利用呢？

下面先来看一张苏宁金融风控妹随意挑选的一位同事的安卓手机应用管理页面的截图。

从中可以看到，目前随便一个APP都会要求20项左右的权限授权。而安卓系统总共有多少种权限呢？其实也就是100多种，具体数值会因为安卓系统的版本不同而略有不同，下图是风控妹随意找来的一个安卓软件开发权限申请说明中的一小部分权限。

```
1    Android.permission.ACCESS_CHECKIN_PROPERTIES允许读写访问"properties"表在checkin数据库中，改值可
2
3    android.permission.ACCESS_COARSE_LOCATION允许一个程序访问CellID或WiFi热点来获取粗略的位置(Al
4
5    android.permission.ACCESS_FINE_LOCATION允许一个程序访问精良位置(如GPS) (Allows an applicati
6
7    android.permission.ACCESS_LOCATION_EXTRA_COMMANDS允许应用程序访问额外的位置提供命令(Allows i
8
9    android.permission.ACCESS_MOCK_LOCATION允许程序创建模拟位置提供用于测试(Allows an applicati
10
11   android.permission.ACCESS_NETWORK_STATE允许程序访问有关GSM网络信息(Allows applications to i
12
13   android.permission.ACCESS_SURFACE_FLINGER允许程序使用SurfaceFlinger底层特性(Allows an appl
14
15   android.permission.ACCESS_WIFI_STATE允许程序访问Wi-Fi网络状态信息(Allows applications to ac
16
17   android.permission.ADD_SYSTEM_SERVICE允许程序发布系统级服务(Allows an application to publi:
18
19   android.permission.BATTERY_STATS允许程序更新手机电池统计信息(Allows an application to updat
20
21   android.permission.BLUETOOTH允许程序连接到已配对的蓝牙设备(Allows applications to connect t
22
23   android.permission.BLUETOOTH_ADMIN允许程序发现和配对蓝牙设备(Allows applications to discove
```

那一个普通APP随随便便就要求授权安卓权限系统中20%的权限合理吗？

风控妹就"读取通讯录联系人"这项权限做了个小调查，发现与"联系人"完全不搭边的购物、音乐甚至是笔记类APP都要求获取联系人的读取权限。真让人震惊！

那我们是不是拒绝这些授权就无法使用APP了呢?

风控妹测试了笔记和音乐类APP,发现关掉包括"读取通讯录联系人"的多项授权后,APP依然可以正常使用。

可见,有相当一部分权限要求与APP本身功能无关,也就是说,这些权限要求都是不合理的。

那该如何一次性管理手机上所有APP的权限呢?答案是通过手机"权

限管理"！

下面来科普一下权限管理页面的到达路径：打开"设置"按钮，抵达"（软件）权限管理"页面，逐个检查权限项目，判断相关软件的授权要求是否合理，对自己认为不合理的授权选择"禁止"。下面以 vivo 手机中的监听通话状态权限为例截图说明：

需要说明的是，不同品牌的手机，其"权限管理"所在的位置稍有不同，但一般手机的权限管理都可以在设置中找到，如实在找不到，可通过"百度搜索"来查询解决。

现在，就请大家动动手指，打开"权限管理"页面，为个人隐私保护跨出有意义的第一步！

资料来源：鲁岑. 如果你接到过这个电话，说明你的个人信息被泄露了［EB/OL］.（2018-04-05）. https：//item.btime.com/470vhrs116e86vr4jbtj0iloueh.

会用设备锁，
谁也动不了你的QQ！

前不久，安徽警方公布了一起盗用QQ诈骗钱财的案件：

安徽旌德的小赵（化名）突然接到好友小马（化名）通过QQ发来的紧急求助信息——我需要马上给供货方付1.5万元，但现在人在外地，手头上一时拿不出来，你能帮我垫付一下吗？明天我回到旌德就把这笔钱还给你。

救急如救火，小赵没多想，就去了银行给小马指定的银行账户汇去了1.5万元，第二天才知道小马的QQ被盗了，问他借钱的是隐藏在网络那一端的诈骗分子。

后来，警方用了1个月时间，追踪2 000公里，才帮助小赵追回了被骗的1.5万元。

其实，如果启用了设备锁，这种QQ账号被盗用的概率将大大降低。

那么，什么是设备锁呢？

设备锁是一种软件功能，是保障账号的一种安全措施，它不允许任何人在未经验证的设备如手机、电脑上登录你的社交、支付等软件，即使其他人知道了账号和密码也不能登录。

那么，怎么设置设备锁呢？

下面以QQ为例，展示具体操作步骤：

1.在手机QQ中,点击左上角的个人头像,然后在左下角点击"设置",进入QQ的设置菜单。

2."设置"中,有关于账号、手机号码、消息通知等入口,在"设置"中点击"账号、设备安全"。

3. "账号、设备安全"中有设备锁、密码设置、手机防盗、手势密码等设定。

4. 在"账号、设备安全"中，点击"设备锁"菜单，打开设备锁功能。在设备锁功能中，你尤其要注意设置"应急手机号码"。这个号码可以用来干什么呢？如果你手机丢掉了，你可以通过这个号码接收短信验证码，替代密保手机验证登录。

| 账号、… | 设备锁 | 帮助 |

设备锁

开启设备锁，在未验证的设备登录QQ，需要密保手机短信验证。

密保手机号码

通过登录验证的设备

KNT- ████（本机）
KNT-█████

████████-THINK
电脑

5. 删掉可疑的设备。在"设备锁"界面，我们可以在下方的"通过登录验证的设备"菜单中，浏览已经登录过你的QQ账号的设备。如果你觉得哪个设备比较可疑，你可以点击该设备，并选择删除该设备，之后，在该设备上，任何人都无法登录你的QQ账号了。如果你是和别人共用一台电脑，那尤其应注意利用该功能来防止别人在共用电脑上进入你的QQ账号。

可以说，只要设置了设备锁，即便别人知道了你的QQ账号和密码，也不能随便登录，必须要经过密保手机的短信验证码或者扫描二维码确认登录的验证。这样，文章开头的案件中，诈骗分子在2 000公里之外，通过盗用小马的QQ账号密码，骗取小赵1.5万元的事情就不会发生了。

资料来源：孙扬. 会用设备锁，谁也动不了你的QQ！［EB/OL］.（2017-11-02）.http：//news.hexun.com/2017-11-02/191476799.html.

你弃用手机号前，
做好解绑措施了吗？

日常生活中，经常会出现这样一种情况——新用户购买了手机号码，使用后却发现，上一任使用者并没有将号码所绑定的各种APP、银行卡等去除干净。这给新用户在各种APP上的新注册工作带来了障碍。

我们知道，目前各大运营商推向市场的11位手机号码，数量是有限的，属于一种有限资源，并不能无限扩充。所以，当一位用户停用手机号后，该手机号码便会被运营商回收，在"冷冻"一段时间（2～3个月）之后会拿出来重新发售。

然而，在运营商回收这些电话号码，再进行重新发售的时候，并没有权限将号码的绑定解除。像这种未能解除各种绑定就被重新发售的号码，它对前机主的个人信息是存在安全隐患的。

1.弃号前不解绑，你的信息可能已经泄露了。

下面，看3个真实案例，你就会明白这一点：

案例1：2017年"双十一"期间，广东佛山的朱小姐想用新买的手机号开通一家平台的新账户，然后把旧账户上的1万元转到新账户。但是，令她没想到的是，她的号码属于"二次放号"，也就是新手机号在此平台上已有账号，朱小姐想通过选择忘记密码接收短信验证码的方式重新设置登录密码，但是由于不知此手机号码原主人的支付习惯，其他一些登录验证无法通过，导致无法注册登录。同时一旦真的登录进此账户，那么这一操作对于原主人的风险影响也是极大的。

案例2：热爱团购的姚先生，在某平台上团购了某餐饮优惠券（有效期一年），一直没有使用。2017年8月，姚先生更换了号码并注销了旧号码。但是由于此前一直使用手机动态验证码登录，而不是密码登录，所以现在号码注销后，他不能再接受动态验证码，账号也就再难以登录，这直接导致了他之前所购买的团购券无法再使用。

案例3：近日，北京的吴女士购买了一个新号码后，经常收到一些怪异信息，比如"赵先生您已购Z90次08车13号中铺"，并且最近经常收到一些陌生的出行、购物、理财信息，而所有信息都指向一位赵姓男士。吴女士称，她此前一直认为收到的都是些垃圾短息，并未在意，直到收到一条申请变更QQ密码的验证信息，才意识到，原来自己所购入的手机号码之前一直有人使用，那些购票、理财信息都是发给前机主的。

2.保护个人隐私，这三点需注意。

为了避免给他人和自己带来不便与风险，我们在更换手机号码的时候，需要注销旧号码，而在给旧号码销号前，需要将包括银行卡、邮箱以及其他平台账号、APP与手机解绑。

需要注意的是，有的平台在注册新号码时，需要验证原号码，为了以防万一，最好将旧的号码保留一两个月，直到所有账号都已经办理好更换绑定之后再注销。

另外，在办理新电话卡时，不要将自己的身份证信息外漏给除运营商以外的任何人，若发现自己的身份信息有关联了多个手机号的迹象，马上联络运营商寻求解决办法，不要给不法分子用你的信息去干坏事的机会。

资料来源：朱琨. 你弃用手机号前，做好解绑措施了吗？[EB/OL]. (2018-03-11). https://item.btime.com/m_9076dd173ef172371.

Get几招信用卡
防盗刷的实用技能!

每逢电商购物节，都会产生大量信用卡交易信息，诈骗分子也伺机而动，通过盗取信用卡信息进行盗刷牟利。那么，作为消费者的我们该如何预防和应对信用卡盗刷呢？下面来Get几招信用卡防盗刷的实用技能吧！

1.不要泄漏你的卡号、卡有效期、CVV2码给任何人。

国内有些大型购物网站，只需要"卡号+有效期+银行预留手机号码+CVV2码（卡片背面7位数字的后3位）"就可以支付。一些海外购物网站，根本不需要持卡人身份证号码和交易密码，只需要"卡号+有效期+CVV2"就可以完成支付，所以千万要保护好你的信用卡，不要轻易将卡交给他人帮你刷POS机或者网上购物。

卡有效期和 CVV2 码

2.必须开通信用卡交易短信提醒，能够及时发现盗刷。

当你开通了信用卡交易短信提醒之后，如果信用卡发生了高于某个金额的交易，你的手机都会收到短信提醒，这能够让你在第一时间掌握信用卡的交易动向，发现盗刷。

3.随时检查你的信用卡是否被别人绑定快捷支付了，如果有，赶快解绑。

现在网上都有兜卖信用卡信息的，如果别人拿到了你的信用卡，绑定到他们的第三方支付账号上，你的卡就有被盗刷的风险。所以，要经常通过手机银行检查你的卡是不是被别人绑定快捷支付了。查看和解绑快捷支付的操作步骤如下：打开你的手机银行→点击"安全中心"→点击"快捷支付管理"→查看信用卡绑定的支付渠道→选择要关闭快捷支付的支付渠道，点击"中止授权"。

4.启用"一键锁卡"功能，设置允许刷卡的时间、类型和位置。

招商银行的"掌上生活"APP有"一键锁卡"的功能，可以一键锁定信用卡不能交易，也可以限制信用卡只能在境内或者境外刷卡，或限制信用卡只能在某个时间段交易（比如北京时间0点到18点）、限制信用卡只能在POS机上交易而不能通过网络支付交易等。具体步骤步骤如下：打开"掌上生活"→点击右下角"卡支付"→选择一张卡片→点击"一键锁卡"的设置→设置允许的刷卡类型、刷卡时间和刷卡地点。

5.如果不幸被盗刷，请通过手机中的信用卡APP快速进行临时挂失止损。

以中国银行信用卡为例，打开"缤纷生活"APP（中国银行信用卡的专用APP），点击界面下方的"用卡"标签，进入信用卡管理页面，在页面上方点击"挂失/解挂"进入卡片挂失与解挂，然后输入姓名、身份证号码、手机短信验证码就可以临时挂失你的信用卡。

今天，你是不是很有收获呢？只要我们平时注意使用上面的实用技能，信用卡支付安全防护马上就能提升一个级别！

资料来源：孙扬. Get几招信用卡防盗刷的实用技能［EB/OL］.（2017-11-09）. https：//www.jianshu. com/p/323038cba37f.

在无人店购物拿完就走！问题 是：你更看重体验还是隐私？

近几年，计算机视觉技术获得了爆发式增长，图像识别技术广泛应用于各种商业场景中。去年高德纳（Gartner）发布的新型技术成熟曲线图表明，基于机器学习、深度学习的新兴技术目前处于技术炒作的最高点：

注：技术成熟度曲线又叫技术循环曲线，或者直接叫做炒作周期，是指新技术、新概念在媒体上曝光度随时间的变化曲线。

国内有多个从事图像处理的独角兽公司，如商汤科技、旷视、云从科技等，它们都在人脸识别上有着较为深厚的识别技术支撑。

说到商业领域的应用，目前国内的人脸识别商业应用围绕着"核身"和"支付"这两个核心使用场景。目前国内的苏宁无人店、阿里巴巴在杭州的"淘咖啡"都将基于人脸识别的支付场景嵌入到了各自的业务领域。

刷脸逛店彩图

不一样的购物体验

今年亚马逊无人店的正式开放，给了大家不一样的购物体验。整个购物流程没有刻意的人脸识别，用户在下载 APP 注册登录后，通过扫描二维码进店（且允许多人使用同一账号组团进店购物），进店后，无处不在的摄像头、各种感应器（如货架的重量感应器）会全程监控你的购物行为，并在你拿下商品的瞬间，识别你的购物行为，生成实时账单，出门后，自动汇总所有账单，实现"线下购物，线上生成账单"。在整个购物过程中，客户是做到了无感知付款出门，当然，前提是客户有亚马逊 APP 账户，账户里有钱支付。

通过对比亚马逊无人店和国内无人店，我们发现国内的应用场景更像是一个单点技术嵌入到现有的购物流程，而亚马逊的技术则是一系列技术的系统集成创新。

比如，亚马逊无人店的生鲜商品上都有打印的机器识别码，顾客在拿起商品时，摄像机快速地扫码商品上的机器识别码来快速识别商品的种类；对非生鲜类商品则通过计算机图像识别（形状、颜色等）和重量感应设备、压力感应设备等传感器反馈信息结合起来判断；顾客在放错商品时，摄像机在扫描放下的商品时，也能快速通知店员有商品的位置放错了。

再比如，亚马逊无人店货架的重量感应设备，能做到商品在被拿起时，结合客户的动作识别、商品扫描识别，通过多维度数据综合实现对顾客拿起商品的动作确认、商品类别确认等。

可以说，亚马逊无人店中采用的顾客识别技术（不仅仅是人脸识别），贯穿整个购物流程，而国内的人脸识别技术主要负责"核身（进门）和付款（出门）"两个阶段。

亚马逊无人店模式有多好？

那么，国内无人店和亚马逊无人店这两种模式，哪种体验更好？

下面从两个维度来说明一下两者的差异，由各位看官来对比一下：

（1）国内的无人店，在核身阶段，增加了一个人脸识别的功能，在支付环节替换了原有的支付手段；而亚马逊无人店则是全程记录顾客的购物行为，在拿起商品的同时，产生账单，在放下商品的同时，取消账单。整个购物流程将传统的三步操作：商品放置到购物车→购物车商品放到收银台→结账，缩减为两步：拿起商品→结账，这个结账还是系统完成的，客户无感知。

（2）国内的无人店只能通过支付环节记录用户购买了哪种商品，而亚马逊无人店全程记录用户在购物过程中的行为，能够更全面地了解顾客的喜好（例如，在哪些商品区域停留的时间长，购买商品时是否有犹豫）等细节信息，更有利于对顾客进行全面分析，以便后续的精准营销。

从客户体验和使用价值这两个维度来看，亚马逊的无人店模型更为优秀，但是需要的技术门槛也更高，这一点，可以从它5年研发、14个月测试后才正式推出商用无人店看出。

如果稍微留意一下亚马逊无人店的购物流程，你会发现，亚马逊无人店的系统包含了：人脸识别、手势识别（取货、放回）、甚至可能包含基于多摄像头网络和多目标顾客的行为追踪技术（天花板上密布的摄像头）、商品识别、管理员辅助功能（顾客放错商品后，系统对店员有提示）等多种技术的系统集成。

血拼的你，更看重体验还是隐私？

既然对顾客行为的记录如此详细，那亚马逊的无人店模式会在各种大型商场铺开吗？我想短时间内还是不会的。

原因在于：目前亚马逊无人店的人脸识别系统和商品识别系统等对顾客的人员识别和商品的识别在计算能力上是有限制的，人员越多、空间越大、参与的购物活动越多，对计算资源的需求也会越大，甚至会影响到系统的实时性，这也是为什么亚马逊的无人店基本上只有167平方米的原因。换句话说，目前的技术在保证实时性、准确性的基础上，应该只能支撑小范围面积的店铺。当然，随着技术的进一步发展，未来大型商场将有可能落地该种系统。

不过，科技在给我们的生活带来更多便捷、更好体验的同时，也进一步让我们的一举一动都暴露在商家面前，亲爱的读者朋友，你们觉得是隐私更重要，还是血拼的体验更重要？

资料来源：郑清正. 在无人店购物拿完就走！问题是：你更看重体验还是隐私？［EB/OL］.（2017-03-17）.http://www.sohu.com/a/225827052_371463.

越是老客户越是卖价高！互联网公司"大数据杀熟"宰你没商量

最近，一段自曝被大数据"杀熟"的微博火了。网友"廖师傅廖师傅"吐槽称，他经常通过某网站订某个特定酒店的房间，长年价格在 380～400 元之间。偶然一次，他从前台得知酒店淡季的价格在 300 元左右。他用朋友的账号查询也是 300 元，但用自己的账号查，却是 380 元。

廖师傅廖师傅
12-29 07:54 来自 iPhone 7 Plus

十 关注

最近发现很多"聪明"的互联网企业利用大数据"杀熟"已经成为了一种常态。本人两次亲身经历跟大家分享一下：

一、经常通过某旅行网站订一个出差常住的酒店，长年价格在 380-400 元左右；前几天在该旅行网站用差不多的价格又住这个酒店，办入住时好奇的问了一下前台现在酒店的价格，她说现在是旅游的淡季，价格很低，差不多 300 元左右。我让朋友用他自己的账号查了一下，果然是 300，然后我自己用本人的账号去查，还是 380。我打电话问客服人员，接线员告诉我，可能是我缓存的问题……我忍住没骂人，告诉他如果不解决这个问题，我会起诉他们欺诈。最后他们用最快的速度免了这间房的房费。

看到"廖师傅廖师傅"的吐槽，网友也纷纷晒出了自己被宰的经历。例如，有网友反映，他和同事兼室友从公司回家的路线是同一条路，自己用打车软件叫车的时候多，室友很少用，但自己打车的消费金额比室友贵了七八元。

上述现象，民间有一个通俗的词汇可以一语概括——杀熟。中国自古以来便是一个熟人社会，常言道"人熟为宝"，讲的是熟人好办事，关键时刻，熟人之间可以谋取更高的个人利益。但随着互联网的发展，"杀熟"被赋予了新的意思——同样的商品或服务，老客户看到的价格反而比新客户要贵。这种情况在出行、酒店、电影、购物平台上是比较常见的，学术点说就是"差异化定价"。

在当今社会，通过分析用户上网行为、购物习惯、设备信息等，来对用户进行差异化定价并不是什么新奇事情了。

早在 2000 年，全球最大的电商平台亚马逊就小范围尝试了价格歧视的定价手段。同样的 DVD 碟片，如果你是新用户，价格是 22 美元，如果你是一名被认为有购买意愿的老用户，价格就会动态调整到 26 美元。不过，在遭到用户发现并投诉后，亚马逊很快下线了这一尝试，并承诺不再进行价格歧视。

事实上，大数据技术发展到今天这个地步，每个平台对用户的分析维度已经超过你的想象，每一笔交易甚至每一次点击都可能会被记录下来，通过数据的慢慢积累以及数据分析水平的提高，平台越来越能够精准把握用户的需求，根据用户的需求提供更多个性化服务。

但很可惜的是，很多时候这种所谓"千人千面"的技术，是把一些用户定位为"对价格不敏感"的人，这种用户往往能接受溢价、没发现调价、不在乎价格等。在这群用户里面，可能存在真的对价格不在乎的，但很多时候，大多数用户是在不知情的情况下"被溢价""被杀熟"了。

再举一个最简单的例子：

一些连锁的快餐店在展示优惠活动海报或者图片的时候，往往会加上一小句话说明不同的地区定价可能不一样，还有火车站、飞机场的店铺不参与活动。在这种情况下，消费者拥有知情权。但回到大数据"杀熟"，往往消费者是没有这种知情权的。

诚然，企业要追求利润，特别是互联网企业在发展初期可能需要经过烧钱、打价格战、发红包、各种补贴来吸引用户，到了后期，随着竞争进入精细化数据运营，在流量垄断的情况下，消费者已经习惯了使用便捷服务，往往对价格不再那么敏感，倾向选择熟知的平台购买服务，这让一些商家看到了"杀熟"的机会。

那么，利用用户的行为数据来"杀熟"是不是一个好的做法呢？

大部分人应该都不会认为这是个好的做法吧。今年的3·15，媒体曝光了多个领域的大数据"杀熟"行为。从中我们可以看到，越来越多的消费者已经认识到了这个问题，有一些消费者会选择一些更为"不作恶"的公司或者关注一些比价网从而来获得更优惠的价格，而采用"大数据'杀熟'"的企业，追求利润的目的不一定能达到，反而会败坏了自身的声誉。

所幸的是，"杀熟"现象被曝光后，多个平台已经悄悄修改了差异化定价，一些曾经被隐藏的优惠也恢复了。

作为普通消费者或者是对价格较为敏感的客户，我们怎么才能避免被"杀熟"呢？

最简单的方法就是货比三家，除了亲自去看看不同的商家价格外，我们可以好好利用一些比价网站。例如，对于普通的商品，一般的比价网站都会囊括主流电商的报价，包括天猫、苏宁易购、亚马逊、唯品会等；对于出行住宿，涉及酒店的比价网站有猫途鹰，涉及机票的比价网站有天巡网。同样的，对于打车和外卖服务，我们可以使用相同的办法——同时使用美团打车和滴滴打车，同时使用美团外卖和饿了么。

最后，笔者提醒一句：大数据"杀熟"的行为防不胜防，如果有条件的话，可以多关心一下身边的朋友使用相同的服务或购买相同的商品是否与你的价格一样，一旦发现自己被"杀熟"了，请不要犹豫，立即联系客服维权。

资料来源：谭子豪. 越是老客户越是卖价高！互联网公司"大数据杀熟"宰你没商量 [EB/OL]. (2017-04-07). http: //sh.qihoo.com/pc/96f6691a0c4c4dfbc?sign=360_e39369d1.

用区块链来保护隐私是天方夜谭吗？

当前人们在享受互联网时代便利的同时，常常会感慨这是一个没有隐私的年代。网络爬虫、人肉搜索等手段的问世，将人们的生活置于各种显微镜下；各种促销或骚扰电话让人不胜其烦；因信息泄露遭遇经济诈骗的报道也屡见不鲜。如何保护个人隐私成为公众最为关注的话题之一。

近两年来，随着区块链走入各行各业，用区块链实现隐私保护成为各类应用的重要卖点之一。然而，区块链一向以数据公开透明而闻名。乍听上去，这不仅和隐私保护毫无关系，甚至还南辕北辙。那么，用区块链保护隐私是否是天方夜谭呢？

为什么说区块链可以保护隐私？

诚然，比特币区块链上的每一笔交易数据都是公开透明的，但神奇的是，其他人并无法知道某一笔交易是谁来进行的。

举个例子来说，我们通过账本可以知道，张三向李四支付了六枚比特币，但是我们并不知道张三和李四究竟是谁，这种匿名特性在一定程度上保护了人的隐私。

类似于非实名的社交网站，区块链上的每一个组织或个人都有一个不同的代号，这个代号通常是一串无意义的数字。通过该数字表面的信息本身，并无法将其对应到某一个具体对象的真实身份上。

然而，一旦该对象在线下进行了实物交易，并和某一代号关联起来，这种匿名性就不复存在了。由于区块链完整地记录了该代号的交易流水，其他人就可以轻松地获取与该对象相关的所有信息。因此，这种简单的化名机制不足以保证匿名。

那么，有没有别的方法呢？

在比特币的技术体系下，区块链为我们提供了一种极为简单的机制，它允许任何人具有无穷多个代号，并且每个人所拥有的代号只有他自己知道，即便某一代号被人认出，也不会影响其他代号的匿名性。理论上，每进行一次交易，就使用一个独立的代号是最为安全的。这就好比打匿名电话，打完一个电话就把手机扔了，然后再换一个新的手机打，这种"游击战"的方式就很难被追踪到。

这种"游击战"的方式能够较为有效地实现匿名性，对于一些涉及敏感数据交易的场景极为有用。最近苏宁金融上线的区块链黑名单共享系统就采用了这种技术，能够有效隐藏金融机构的真实身份，任何人都无法知道某一个黑名单是谁上传的。

区块链的匿名性可靠吗？

当然，匿名性是一把双刃剑，从保护隐私的角度来说十分重要，但也为一些违法犯罪行为提供了保护伞。这引发了一些研究人员的关注，他们通过数据分析方法来实现区块链的去匿名化，其目标是找出属于同一对象所拥有的多个代号。

最常用的一个思路是对公开的交易账本信息进行资金流分析。区块链账本的每一条账单都记录了某一笔资金的转移情况，最简单的交易只涉及两个代号：一个提供者和一个接收者。

但是，如果有一笔交易需要提供者支付 10 个比特币，而提供者的每一个代号名下都不足 10 个比特币，那怎么办呢？

很简单，这个用户只要从多个代号同时进行转账就可以了，这种情况在现实的交易中很常见。

那么，如果有一笔交易有多个代号作为提供者，是否就可以认定这些代号属于同一个用户呢？

答案是：非常可能，这是因为现实中很少会找到一笔交易存在多个不同用户作为支付方的情况。这就构成了代号关联常用的第一条启发式规则：如果一笔交易具有多个支付代号，那么这些代号属于一个用户。

此外，找零钱也是一种常见的交易，例如，用户向其他人支付了 50 元，实际支付只需 40 元，找回零钱 10 元。很显然，零钱的接收者代号也应该是由提供者控制的，这构成了代号关联的第二条启发式规则：在一笔交易中，零钱的接收代号和支付代号同属于一个用户。

第二条规则的核心是怎么确认某个代号是零钱的接收代号。在比特币等区块链技术内，零钱账号通常是新生成而未被使用用过的新账号，据此可以帮助我们来检测零钱的接收者代号。

利用这些规则，我们就能把一些代号关联到同一个用户上。根据区块链记录的账本信息，我们还可以绘制相应的交易图和代号的关联图，更为直观反映代号之间的资金流向。例如，下图就绘制了一幅包括 19 个代号和 7 笔交易的交易流图，根据所定义的规则，我们可以发现，代号 1 和 2 属于同一个用户，代号 8、9 和 14 也属于同一用户。通过对交易数据的分析，可以认为整个交易过程实际上只有 6 位用户。

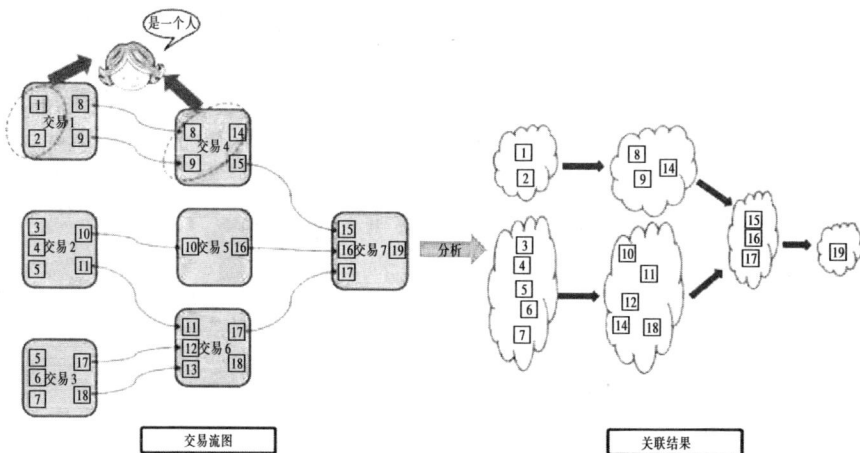

交易流图　　　　　　　　　　　　　　　关联结果

事实上，以上两条规则都不能保证完全正确。为了避免错误，这些规则也在不断优化，例如，在第一条规则中仅考虑那些只有一个接收者的交易等。

那么，这些规则的实际应用情况如何呢？

部分研究成果声称，在比特币的实验模拟环境中，关联的准确度可以达到80%。不幸的是，这些规则在真实环境中还缺乏足够的数据支持，并且随着新匿名机制的出现，这些规则可能已经失效。

还有一种思路是通过分析网络中的路由器来建立各代号及其网卡地址之间的关系。其原理是同一用户的网卡地址通常是不变的。因此，只要能发现两个不同代号来自于同一个物理网卡地址，那么，这两个代号就有很大可能属于同一用户。而实现这样一个机制，需要在网络上创建一个超级节点，来随时监听区块链网络中活跃节点的数据。一些研究成果声称，采用网络监听实现去匿名化，准确度可以达到30%。不过，这种方式成功的前提是——用户一直使用同一网络地址来登录自己所有的代号。

总的来说，在现有的匿名技术下，采用单独的线索破解比特币等区块链网络的匿名性还是较为困难的，未来研究中需要进一步结合多个线索来提高去匿名化的准确度。

新的匿名机制有哪些?

正所谓"道高一尺,魔高一丈",在一些学者研究怎么去匿名的同时,还有一些学者和机构正在研究怎么增强区块链的匿名性,目前主流的研究方法有3类:(1)P2P混合机制;(2)分布式混淆网络;(3)零知识证明。

P2P混合机制是指让若干用户签订协议,将多个交易混合成一个标准的交易。例此,匿名程度的高低取决于混合的交易数量。在这种方式下,我们就无法认定同一笔交易的多个支付代号是否属于同一用户。在混合交易中,如果将多个提供者和接收者分别随机排序,我们也无法知道某一笔资金是从哪一个代号流入到哪一个代号的。通过破坏交易的连续性,可使得建立代号之间的关联更为困难。

分布式混淆网络的出发点也是让资金流向的输入和输出之间的关系模糊化,其主要策略是通过一个第三方机构来让多个交易人互换资金,具体来说,多个用户都会和某一个第三方机构达成如下协议:我先交付给该机构10个比特币,过一段时间后,该机构会返还给我10个比特币。简单地说,这就是一种洗钱。通过这种方式,外部人员很难捕获交易之间的关联信息。但是,这种方式也面临着第三方机构不归还资金的风险。

零知识证明技术也可以用来预防资金流分析,在这种技术下,资金提供者并不需要通过提供自己的身份信息来验证资金的有效性,而只需证明该笔资金属于一个有效资金的公共列表。更进一步来说,利用零知识技术证明还能允许用户以完全私密的方式直接进行支付,相应的交易会隐藏资金的提供者、接收者和交易量,并且在无需提供这些信息的条件下,通过零知识证明技术让别人验证这笔交易的有效性。

从目前的技术来看,P2P混合机制和分布式混淆网络主要用来预防已有资金流分析策略,其目标是通过截断对区块链不同用户间的资金关联,使得资金流分析失效，相对而言，零知识证明技术的匿名程度最高，但是其效率和性能仍然存在严重的不足。总之，这些最新的区块链匿名技术还存在很多不成熟的地方，需要进一步打磨。

最后，需要指出的是，区块链的匿名性一直备受争议。从普通人的角度来看，一方面，他们需要保护自己的隐私，防范个人的敏感数据被其他人用来进行各种欺诈和骚扰，另一方面，他们并不希望区块链为各类恶意行为提供匿名平台，让自己遭受伤害。在人类进行复杂的心理斗争时，匿名和去匿名技术的对抗也仍然在延续，各位觉得谁会取得最终的胜利呢？

资料来源：宋沐飞. 用区块链来保护隐私是天方夜谭吗？［EB/OL］.（2018-03-27）. http：//www.wei-yangx.com/281687.html.

网络爬虫无处不在，无意中的链接分享就能泄露你的隐私

曾经有个朋友满脸困惑地问起："据说谷歌可以搜索到私人电子邮件，真的假的？"

回答前，需要解释一下网页爬虫的作用。今天，搜索引擎已经成为大家上网冲浪的标配，甚至有"内事不决问百度，外事不决问谷歌"的说法。搜索引擎可以根据用户的需要提供内容丰富的网上信息，相对于传统的纸质信息媒介，从根本上改变了人们获取及处理信息的习惯，极大提高了效率。而其基础就在于大量收集网页信息的网络爬虫。在搜索引擎发展的初期，程序员相互间炫耀的一个指标就是，自己的爬虫收集的网页数量。

网络爬虫

搜索引擎收集网上信息的主要手段就是网络爬虫（也叫网页蜘蛛、网络机器人）。它是一种"自动化浏览网络"的程序，按照一定的规则，自动抓取互联网信息，比如：网页、各类文档、图片、音频、视频等。搜索引擎通过索引技术组织这些信息，根据用户的查询快速地提供搜索结果。

具体来说，如果把互联网上的网页或网站理解为一个个节点，大量的网页或网站将通过超链接形成网状结构。人们在浏览网页时，通过点击网页上的链接，从一个节点跳转到下一个节点，就像是在一张网上行走。网络爬虫模拟了该行为，但是速度更快，跳转的节点更全面，所以被形象地称为网络爬虫或网络蜘蛛。

随着网络的迅速发展，不断优化的网络爬虫技术正在有效地应对各种挑战，为高效搜索用户关注的特定领域与主题提供了有力支撑，也为中小站点的推广提供了有效的途径，为此，网站针对搜索引擎爬虫的优化（SEO）曾风靡一时。

爬取原理

需要说明的是，网络爬虫从一些初始网页URL（网页地址）开始抓取网页，在此过程中，不断从当前页面上抽取新的链接用于爬取，循环往复扩充到整个网络，为搜索引擎或大型网络服务商采集数据。

网络爬虫的爬行范围和数量巨大，对于爬行速度和存储空间要求较高。同时，由于待刷新的页面很多，所以通常采用并行的方式。

下图所示的是一个通用的爬虫框架流程。首先精心选择一部分网页，以这些网页的链接地址作为种子URL放入待抓取的URL队列中，爬虫从URL队列依次读取每个URL，通过DNS解析转换为对应的IP地址。然后将其和网页相对路径交给网页下载器，网页下载器负责网页内容的下载。网络爬虫一方面可以把下载的内容存储到数据库中，等待后续处理；另一方面能把该网页的 URL 添加到已抓取队列（这个队列记载了已经下载过的网页 URL，以避免重复抓取）。此外，从刚下载的网页中抽取出新的 URL，如果该链接没有被抓取过，则添加到待抓取 URL 队列，在之后的调度中下载对应的网页。这样循环往复，直到待抓取 URL 队列为空（实际上不会为空，会有其他的条件终止爬取），代表完成了一轮完整的抓取过程。

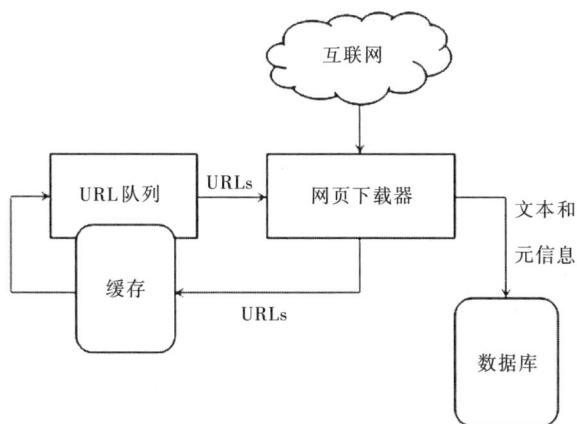

上述是一个通用爬虫的整体流程，由于互联网上网页数量太过巨大，在实践中通常会有不同的爬行策略，常用的有：深度优先策略、广度优先策略。网站典型的网页层次关系通常像一棵树，如果把主页看作树根，其他的网页则是枝杈上的树叶。具体来说：

（1）深度优先策略是在垂直方向上，逐个分支爬取，依次访问下一级网页，直到不能再深入为止。爬虫在完成一个爬行分支后，返回到上一链接节点搜索其他分支。当所有分支遍历完后，爬行任务结束。这种策略比较适合垂直搜索或站内搜索，但爬行页面内容层次较深的站点时会造成资源的巨大浪费。

（2）广度优先策略是在水平方向上，逐个层面爬取，优先爬行处于较浅层次的页面。当某一层次的全部页面抓取完后，再深入下一层爬行。这种策略能够有效控制页面的爬行深度，避免遇到一个无穷深层分支时无法结束爬行的问题，不足之处在于需较长时间才能爬行到目录层次较深的页面。

爬虫技术也面临着一系列的难题，比如：互联网上存在的大量重复网页、动态页面、动画特效页面等，增加了信息获取的困难。现有的搜索引擎能抓取的网页不超过互联网所有网页总数的一半，极端的估计是少于16%。

爬虫应用

坚持看到这里的宝宝要问了，枯燥的技术结束了吧？到底爬虫还有什么用呢？

众所周知，很多电商平台都有自动调价功能，它会依靠爬虫程序扫描同类网站商品的价格，有针对性地展开相应的调整，从而取得价格优势，为销量提供保证。比如：苏宁易购的"棱镜"系统就是一款实时比价工具。它能利用网络爬虫获取其他电商平台的同款商品的价格、促销、评论等商品信息，给业务人员的工作带来了极大便利。

其实，自从亚马逊十多年前推出该自动比价模式以来，机器人驱动的定价给整个零售行业带来了巨大的变革。以往，零售店最多每周调价一次，因为更换标签的成本和时间成本都很高。而在电子商务界，零售商却可以随时调价，有时候甚至达到每天数次，这都得益于竞品定价数据等。

在电子商务行业，使用爬虫成为了一场"猫捉老鼠"的游戏。企业一方面希望阻止竞争对手爬取自己的网站；另一方面又想渗透对手的网站。尽管拥有各类技术防范，但爬取机器人的数量之多还是令人震惊。除了竞争对手外，有的流量还来自科研院所，目的是研究竞争、搜索引擎、广告服务，甚至还有的是企图入侵网站账号的不法分子。

爬虫的安全性问题

到了这里，必须说下网络爬虫的安全性问题。由于网络爬虫的策略是尽可能多的"爬过"网站中的高价值信息，会根据特定策略尽可能多的访问页面，占用网络带宽并增加网络服务器的处理开销，不少小型站点的站长发现当网络爬虫光顾的时候，访问流量将会有明显的增长。

例如，某个网站上有一个10MB（如PDF格式）的文件，使用爬虫抓取该文件1 000次，就会使网站产生大量出站流量（可在数分钟内达到GB级），这引起的后果很可能是灾难性的。这种攻击达到的效果似曾相识，类似臭名昭著的DDoS攻击，使网页服务在大量的暴力访问下，资源耗尽而停止提供服务。

此外，恶意用户还可能通过网络爬虫抓取各种敏感资料用于不正当用途，主要表现在以下几个方面：

（1）网站入侵。大多数基于网页服务的系统都附带了测试页面及调试用后门程序等。通过这些页面或程序甚至可以绕过认证直接访问服务器敏感数据，这成为恶意用户分析攻击的有效情报来源，而且这些文件的存在本身也暗示网站中存在潜在的安全漏洞。

（2）搜索管理员登录页面。许多在线系统提供了基于网页的管理接口，允许管理员对其进行远程管理与控制。如果管理员疏于防范，一旦其管理员登录页面被恶意用户搜索到，将面临极大的风险。

（3）搜索互联网用户的个人资料。互联网用户的个人资料包括姓名、身份证号、电话、邮箱地址、QQ号、通信地址等个人信息，恶意用户获取后有可能实施攻击或诈骗。

因此，采取适当的措施限制网络爬虫的访问权限，向网络爬虫开放网站希望推广的页面，屏蔽比较敏感的页面，对于保持网站的安全运行、保护用户的隐私是极其重要的。所以，谷歌在正常情况下不应该抓取到私人邮件，但不排除在特别情况下，由于服务器的管理漏洞而发生信息泄露的可能。

能坚持看到最后的同学必须有奖励，推荐一个搜索引擎shodan，它被称为"黑暗"谷歌，也被称为世界上最可怕的搜索引擎。它看上去跟普通搜索引擎一样，但是可以搜到网络上存在的摄像头、路由器、打印机等数据采集监控系统，并根据其所属国家、操作系统、品牌以及其他属性进行分类。如果说谷歌和百度是网站内容搜索，那么，它则是网络设备搜索，在物联网应用中提供了探索的场景。

资料来源：薛洪言. 网络爬虫无处不在，无意中的链接分享就能泄露你的隐私［EB/OL］.（2018-03-02）. http://guba.eastmoney.com/news，cjpl，747652382.html.

黑客靠勒索病毒暴富！
快给你的电脑加几道安全锁

我们身处的网络，是一个风险无处不在的丛林，倘若没有安全的甲胄，将危机重重。

2017年5月，一款名为WannaCry的比特币勒索病毒以迅雷不及掩耳之势席卷了全球。这是目前为止最严重的勒索获利攻击行动。

当时，笔者学弟的电脑就不幸中招——他刚刚写好的毕业论文被无情地上了枷锁，"Ooops，your files have been encrypted！"的对话框（如下界面）赫然弹出，要想解锁，先交赎金，否则"撕票"。那时候，我们密码分析专业的、整个实验室的"高手"竟都束手无策。

而这次大范围勒索病毒入侵事件后，勒索病毒的脚步并没有停歇。今年春节过后，正是儿童流感的高峰期，我国出现了两家儿童医院系统瘫痪的情况，院方惨遭勒索，黑客要求必须6小时内为每一台感染的电脑支付1个比特币的赎金，否则重要资料将被删除。

不仅如此，银行、加油站等场所也遭到了勒索病毒的"拜访"。

最近又出现了一款新型国产勒索病毒麒麟2.1，电脑文件被勒索病毒加密后，会出现这个界面：

这个麒麟2.1勒索病毒要求受害者支付3元解锁，并诱导用户用第三方支付扫二维码，待用户扫码登录第三方支付APP后，趁机转走账户里的所有余额。

勒索病毒如何入侵我们的电脑？

那么，让人闻风丧胆的勒索病毒到底是怎么入侵我们电脑的呢？

一些传统的勒索病毒，会潜伏在充满诱惑的软件、网站以及一些垃圾邮箱里，只要用户点击，病毒就能进行自动复制和自主传播。

系统漏洞也是勒索病毒传播的重要途径。WannaCry勒索病毒就是利用了Windows操作系统默认打开445端口的漏洞，而大多数人没有定期更新补丁，于是病毒见缝插针，通过扫描端口就可以实施入侵，而用户不需要进行任何操作，电脑上的文件就被莫名其妙地被加密了。这些病毒进入本机后，通过本机互联网连接到黑客的服务器，将本机信息进行上传并下载一对公、私钥，通过公钥加密算法对文件进行加密。除了病毒制作者本人，可以说其他人几乎不可能对文件进行解密。所以电脑一旦中毒，基本是无"钥"可救了。

如何防范勒索病毒的入侵？

如今，勒索病毒的制作门槛越来越低，病毒的变种也越来越多，作为一个未受勒索病毒感染的吃瓜群众，我们该如何防患于未然呢？

下面教你几招有效的预防措施：

1.关闭电脑上的共享文件权限。具体步骤如下：

（1）右键单击电脑桌面的计算机图标，选择"管理"。

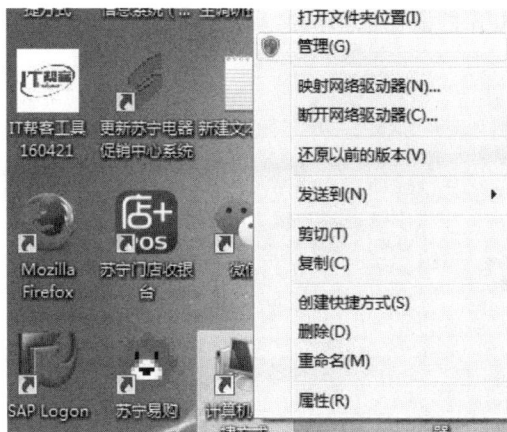

（2）点击左侧的"共享文件夹"，并点击共享文件夹下的"共享"，可以看到当前的共享文件。

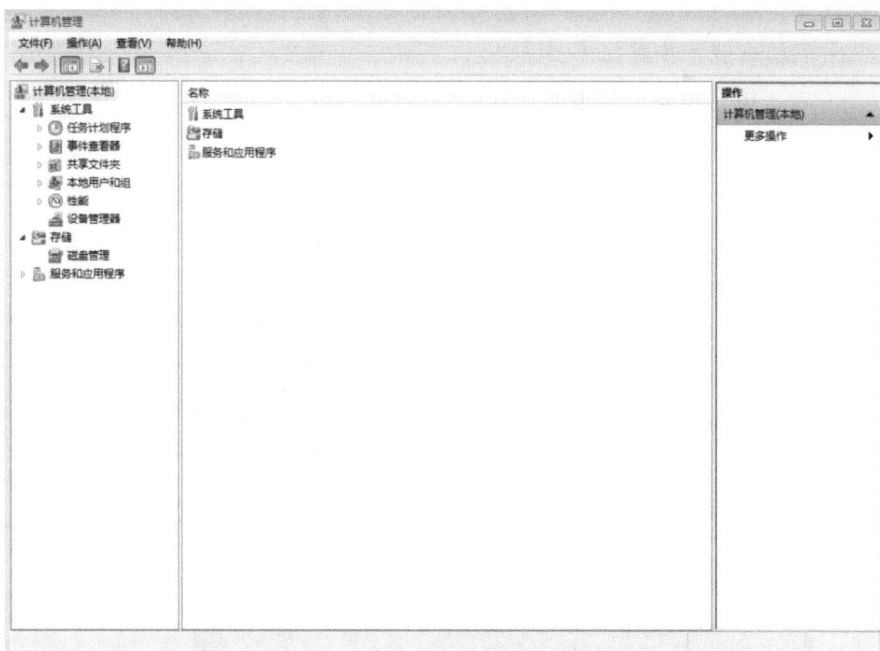

（3）右键单击我们需要取消的共享文件，点击"停止共享"。

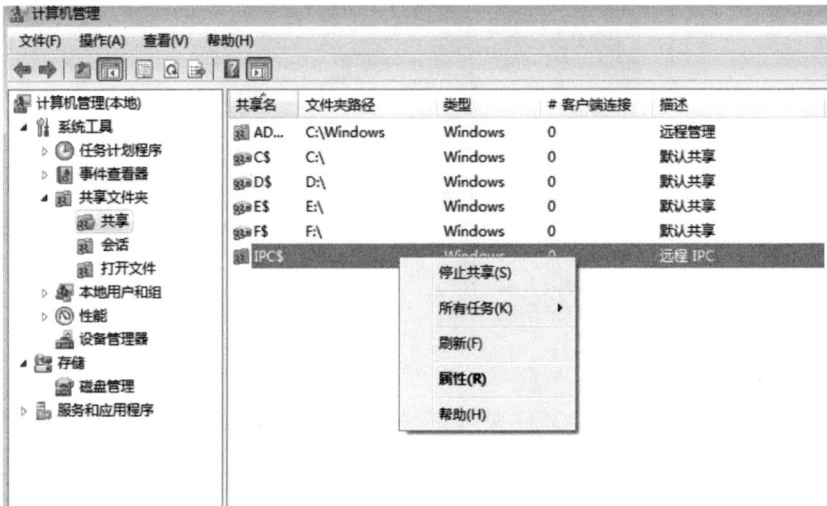

2.开启防火墙。步骤如下：

（1）点击电脑页面左下角的"开始"，打开"控制面板"。

（2）打开"控制面板"后，点击"系统和安全"。

（3）打开"系统和安全"页面后，点击"Windows防火墙"。

（4）打开"Windows防火墙"页面后，点击左侧"打开或关闭Windows防火墙"。

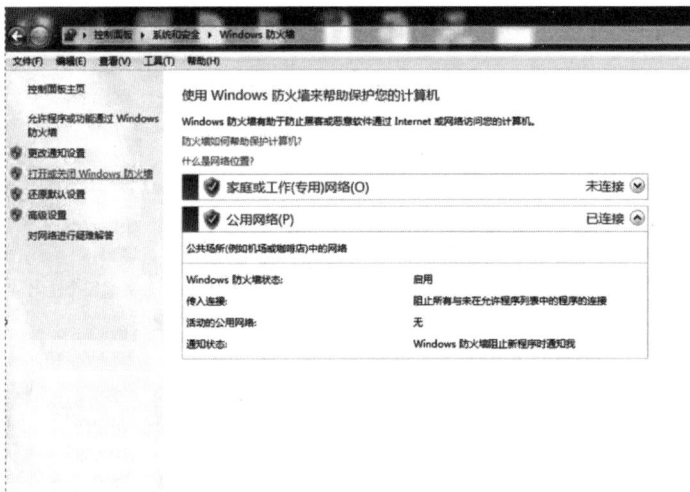

（5）选择"启用Windows防火墙"，并点击"确定"。

3.关闭不必要的端口，如445、135、139、3389等。具体步骤如下：

（1）进行与第2条里面的（1）（2）（3）步相同的操作，点击左边的"高级设置"。

（2）进入"高级设置"页面，点击"入站规则"，再点击右边的"新建规则"。

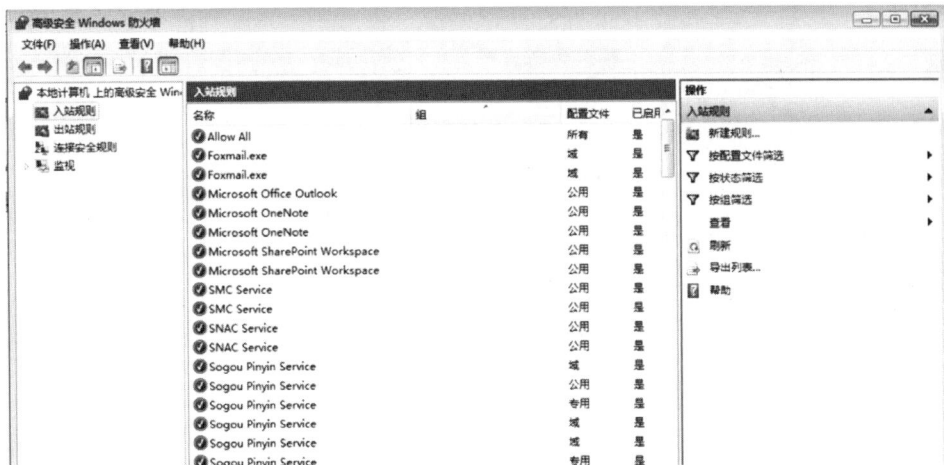

（3）选择端口，点击"下一步"。

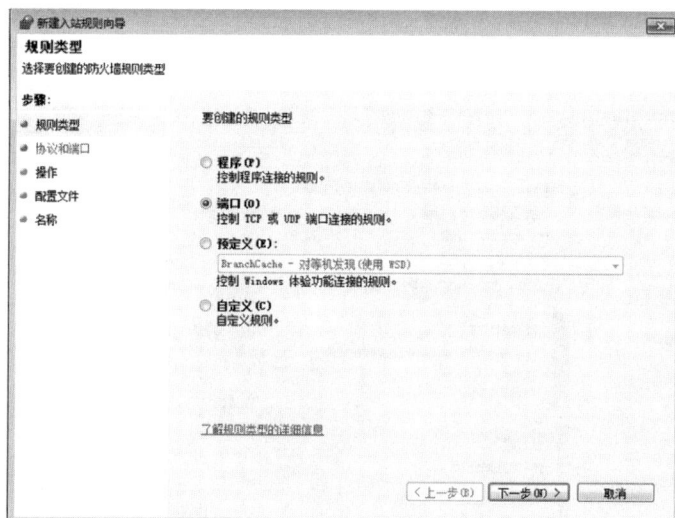

（4）选择"特定本地端口"，输入445，点击"下一步"。

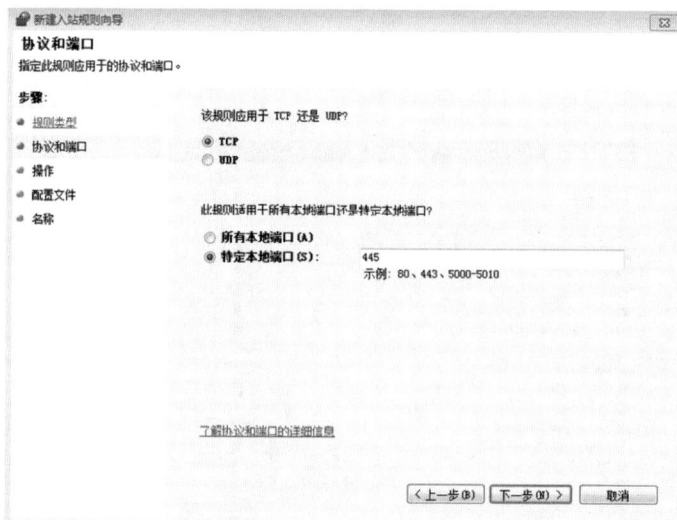

（5）选择"阻止连接"，点击"下一步"。

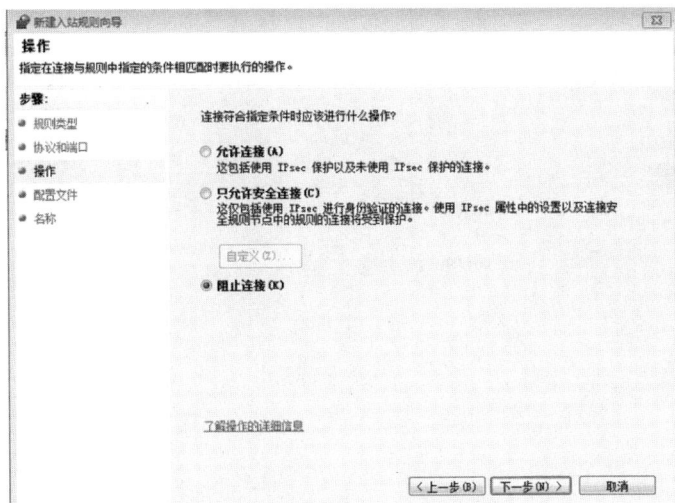

（6）选择页面左侧的"配置文件"，全选，点击"下一步"。

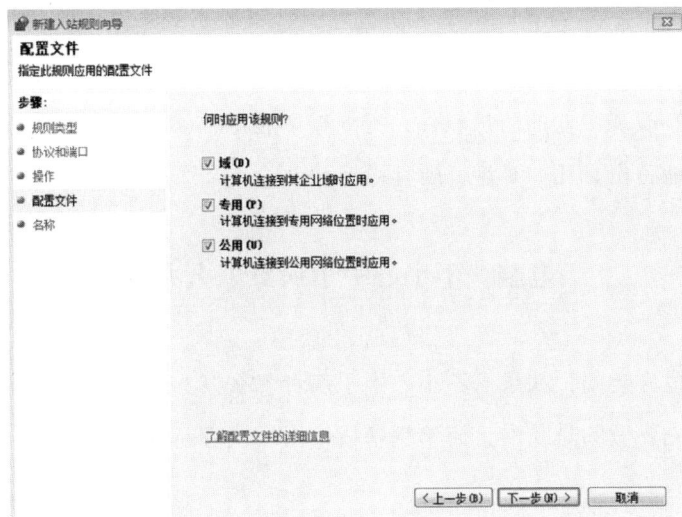

（7）在"名称"框里，名称可以任意输入，点击"完成"即可。

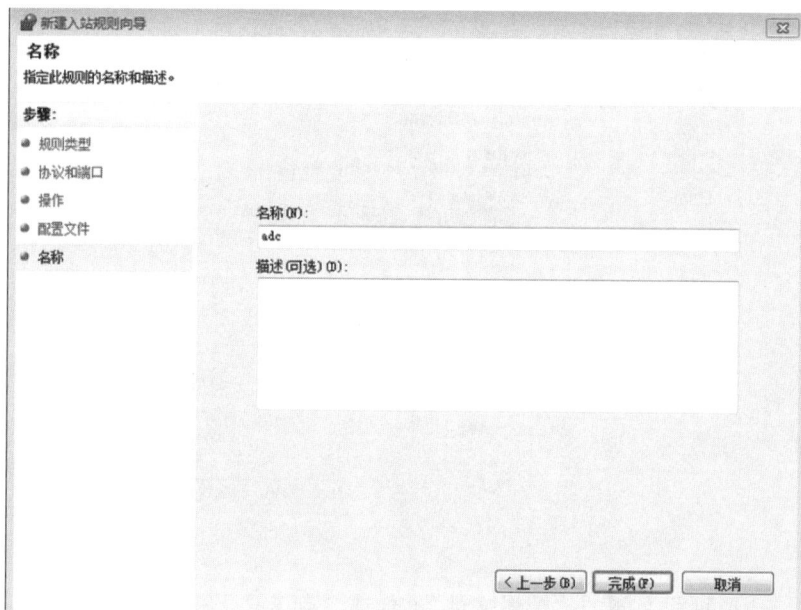

　　另外，平时一定要有网络安全防范意识，不要下载来路不明的邮件及附件，不要从不明网站下载裹着糖衣的软件。平时要记得：（1）多给电脑打打补丁、修修漏洞；（2）安装专业的防护软件，定期查杀病毒；（3）对重要的文件一定要定期进行非本地备份，比如U盘、硬盘拷贝。

电脑一不小心中了病毒怎么办？

　　很多人也许会问，如果一不小心中了病毒怎么办？这里介绍3个方法：

　　（1）首先要做的是断网，简单粗暴拔掉网线或者断开无线网络，避免病毒通过网络传播。

（2）其次建议不要支付给敲诈者任何费用，因为即使付了赎金，也很可能钱物两空，同时还助长了敲诈者的嚣张气焰。

（3）可以向专业人员寻求解决方法。

好了，废话不多说了，我马上要去给裸奔的电脑加个防护罩了。

资料来源：徐志娟. 黑客靠勒索病毒暴富！快给你的电脑加几道安全锁［EB/OL］.（2018-05-20）. http：//www.sohu.com/a/232071737_371463.

你在朋友圈炫生活晒美照，骗子在盗用你的私照骗钱

这年头，我们已经习惯了在微信朋友圈记录生活的点点滴滴：

在外聚聚、到处走走时，随手拍一拍，手指点一点，美滋滋地跟朋友圈的人分享喜悦；

心情不好的时候，选上几张靓照，配上几句文字，为自己的焦躁与痛苦寻找一个宣泄口；

……

殊不知，黑产从业者（俗称"骗子"）就是瞄上了这一点，盗取我们满载生活点滴的文字、照片、身份信息甚至真实的生活痕迹，打造出一个虚假的完美人设，用来骗财骗色。

我们的照片这样被婚恋骗局盗用。

婚恋平台就是一片被黑产奋力开拓的高发区域。《中国统计年鉴2017》数据显示，我国2017年单身人口达2.4亿人，占20岁以上人口总数21.7%。这些数字

的背后，是相亲市场的火爆。

而社交需求的充足、潜在利益的丰厚，再加上并不严格的审查监管，让婚恋平台成为黑产眼中一块流油的肥肉。

利用用户渴恋渴婚的心理，骗子批量注册婚恋平台的账户，上传我们的照片，复制我们的文字，伪造我们的身份信息，而我们毫不知情"这世界上的第二个我"。有一部分用户被吸引了，希望就此展开一段浪漫恋情。

然而，等着他们的不是美好的童话，而是精心编织的骗局——一开始若有若无、恰到好处的撩拨，偶尔展现出来的"情到深处"，一步一步极富耐心和技巧地将被骗用户拖入陷阱，等到骗子觉得榨干其利用价值了，留给被骗用户的是人财两空的惨痛现实。

在骗子诈骗的过程中，被盗用照片和身份信息的我们自始至终都被蒙在鼓里。直到有一天，被骗用户找上门来，指着我们的鼻子大骂，说我们是丧尽天良的骗子；或者是哪个朋友从某些地方看见了"这世界上的第二个我"搞着一些令人鄙夷的把戏，在朋友间渐渐传开，越来越多的人用有色眼镜看着我们……我们的正常生活被打乱，可是我们何其无辜？

我们不认识这些受害者，我们也从来没有注册过这些账号。但是我们却要因为骗子的罪过而承受一定的代价。

个人照片被用于诈骗的人结果很惨。

刘女士就是一个鲜明的例子。

刘女士人长得甜美，丈夫顾先生高大帅气，二人本来过着甜甜蜜蜜的小日子。

直到一日，一个微信账号申请加顾先生为好友，顾先生加上了对方。哪想到，对方一上来就炮轰顾先生是个小三，并说自己和刘女士在婚恋网站上认识，已经到了谈婚论嫁的地步，还为她花费了几十万元，顾先生应该识相点，赶紧退出。

顾先生大怒，和刘女士大吵一架，扬言此事属实就离婚。

刘女士百口莫辩之下，联系了这个自称周某的微信账号，要求他发送婚恋网站的截图，一看竟是一个叫甜甜的人，上传的照片均取自于刘女士朋友圈过去半年的照片。

刘女士继续追问周某如何拿到顾先生的账号，周某称自己的一个朋友曾经看到刘女士和顾先生在一起，给自己提了醒，而自己实在太爱这个甜甜了，也不忍心指责甜甜，只能辗转打听到顾先生的微信账号，希望通过谈判劝退顾先生。

事情就此真相大白，后来周某向刘女士一家道了歉，并报了警，以期警方早日抓到这个甜甜，不让"她"祸害更多的人。

一场闹剧过后，满地鸡毛。周某被骗几十万元，而刘女士总觉得因为这件事上丈夫不够相信自己，夫妻间出现了嫌隙。

如何防范个人照片被骗子盗用？

其实，不只是在婚恋社交平台，我们的生活美照还可能会被用作虚假广告制作、熟人诈骗甚至是色情网站拉客，从而给我们的生活带来惊涛骇浪，对我们的名誉造成极大损伤。

那么，我们该如何防范这种现象的出现呢？正确的防范方法至少有以下4点：

（1）选择正规大型的社交平台，为朋友圈晒照设置浏览用户分类。正规大型社交平台的反爬技术通常比较好。平时尽量少晒照，忍不住想在社交平台晒照时，可以设置该照片的浏览用户分类，社交平台的访问时间、用户权限等，加大爬虫难度。

（2）注意账户安全防护措施，选择手机、邮箱绑定，提升密码设置安全等级。

（3）谨慎添加好友。费一点心思追看一下主动添加一方是否在该社交平台上有较多的历史痕迹，如果发现对方最近才开通账号，生活信息记录较少，或者某一时间段集中大规模上传生活照，谨慎添加。

（4）如果遇到需要上传个人隐私的 APP、小程序、问卷等，谨慎填写个人资料。

最后，愿我们的美丽只会被人欣赏，而不是遭贼惦记。

资料来源：宋颖. 你在朋友圈炫生活晒美照，骗子在盗用你的私照骗钱［EB/OL］.（2018-06-10）. http：//finance.ifeng.com/a/20180608/16338212_0.shtml.

第 5 章

科技反欺诈类

这年头，老赖没法混了！
大数据式追债，你见过吗？

　　自从互联网金融普及之后，贷款变得越来越容易。例如，蚂蚁借呗、苏宁任性贷等信用借贷类产品，用户只需通过手机APP进行注册申请，无需抵押就能轻松获得数万元贷款额度。这也符合国务院普惠金融的发展规划，降低准入门槛，让金融产品惠及更多人。

　　然而，降低准入门槛也意味着金融机构面临着更大的违约风险，需要建立更加完善的风险控制和贷后管理体系，而大数据是该体系中的重要一环。今天我们就来聊一聊如何通过大数据让老赖无处遁形。

准入控制：如何从茫茫人海辨别老赖？

　　这里有两个识别老赖的通用办法：

　　（1）黑名单

　　最简单直接的方式是建立数据库来记录个人和企业的贷款还款信息，把有不良记录的个人或企业纳入"黑名单"，他们将被拒绝授予信用额度或贷款。

　　当前，最权威的数据库当然是中国人民银行的征信系统，在办理住房贷款的时候，银行通常会要求贷款申请人提供个人征信报告，详细了解其贷款记录和名下的信用卡信息。

　　然而，征信报告并不会反映所有的贷款信息，比如蚂蚁花呗/借呗等互联网小额贷款记录就不会出现在征信报告中。如果你觉得可以利用这一点找各家机构贷款、随意逾期，那就太天真了。机构之间通常会共享各自的数据，进入一家机构的黑名单也就意味着你很难从其他机构贷到款了。

另外，现在有一些互联网公司正利用自己积累的运营数据提供类似"黑名单"的功能或服务。例如，腾讯手机管家支持号码举报，假设你的手机号被很多用户举报为诈骗电话，这必然会影响你的贷款成功率。

（2）风险模型

黑名单其实只对已知信息的个人或企业有效，金融机构每天都需要处理大量来自新用户的贷款申请，其中不免会有已更换手机号或冒用他人身份的老赖。这时候就该数据挖掘发挥作用了。

通常存在逾期还款的用户都会有比较共性的特征，比如年龄较小、学历较低、手机在网时间短等特征。可以利用已有逾期还款记录的用户群建立一个逾期还款高风险人群的画像，建立基于规则或机器学习的风险模型来识别老赖和还款能力较差的申请者。

失联修复：如何用大数据找到欠债人？

针对恶意贷款逾期，最大的痛点在于如何找到欠债人。老赖通常会更换工作单位、住址和电话，很难通过常规渠道联系到欠债人。想要在欠债人老家门外蹲点守株待兔，那么只能祈祷奇迹出现了。

祈祷奇迹出现自然不靠谱。这时候大数据时代的一个强大工具——社交图谱就可以发挥作用了。

虽说老赖可以更换手机和住址，但在社交图谱中一定会留下一些蛛丝马迹，可以让人顺藤摸瓜来找到欠债人。

这里通过一个简单的图例来说明社交图谱的强大之处。

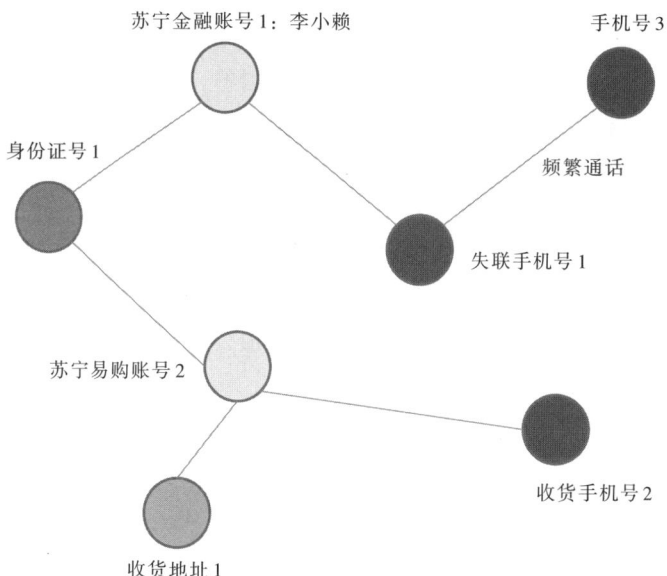

如上图所示，假设用户李小赖（化名）在苏宁金融有一笔贷款逾期，苏宁金融无法通过贷款账号对应的手机号1联系上李小赖，却可以通过李小赖登记的身份证号找到他在苏宁易购的账号和购买记录，将收货地址和收货手机号用于失联修复。另外，还可以利用运营商数据识别频繁联系的手机号作为扩展联系电话。

此外，社交图谱还可以包括设备MAC地址、IP等许多节点和关系类型。想要在社交图谱中完全隐形可是极其困难的。

如果真的有用户能够隐藏自己的行踪，会在社交图谱中形成孤立点或子图，这也会说明一些问题，这样的用户在准入环节就有可能被风险模型拒绝了。

追债环节：如何用大数据实现高效追债？

好了，假设我们已经知道老赖住哪里、在哪里上班，光靠电话提醒可能没法获得很好的追债效果。这时候，就需要追债人出马去找老赖当面动之以情、晓之以理劝说了。

可是，金融机构的贷款业务通常是面向全国的，很难在各地都安排专门的追债员工，而打飞的、乘高铁千里迢迢去要债也是划不来的。

针对这种需求，国内已经有了好几个追债平台，提供类似滴滴出行一样的服务。金融机构将债务信息（如同滴滴出行的发布行程）发布到平台，由平台基于数据分析调度安排当地最匹配债务特点的追债公司（如同滴滴出行的快车）进行欠款追讨，这就解决了金融机构找不到合适追债公司、追债公司没有足够业务的痛点。

资料来源：倪伟渊. 这年头，老赖没法混了！大数据式追债，你见过吗？[EB/OL]. （2017-10-06）. http：//baijiahao.baidu.com/s？id=1580473250642155900&wfr=spider&for=pc.

"活捉"欺诈分子！这个关系图谱让金融防欺诈无往不利

金融机构每年都会因欺诈活动遭受大量的资金损失。传统的欺诈方式包括伪造身份骗贷、车险骗保等。随着互联网金融的发展，层出不穷的营销活动和品类繁多的网贷产品让欺诈分子有了更多可乘之机，他们的欺诈成本似乎也更低了，足不出户就可以日进斗金。

为了限制欺诈活动，金融机构和互联网公司都会构建自己的反欺诈团队和防范系统，通过种种规则和预测模型将欺诈分子拒之门外。

然而，道高一尺，魔高一丈，再严密的规则也难免会有漏洞，加之欺诈手段日新月异和团体欺诈盛行，采用传统的反欺诈工具总是略显被动。

因此，关系图谱就有了用武之地。关系图谱之于反欺诈，就如同飞机之于军队，可以从更高的维度去侦测和打击对手，实现升维打击。

什么是关系图谱？

关系图谱是描述个体及个体之间关系的图。下图给出了一个移动支付场景的关系图谱示例，个体类型可以包括IP地址、设备、支付账户、账户联系人等，个体之间也可以存在不同的关系，比如IP登录行为、设备登录行为、联系人登记行为等。

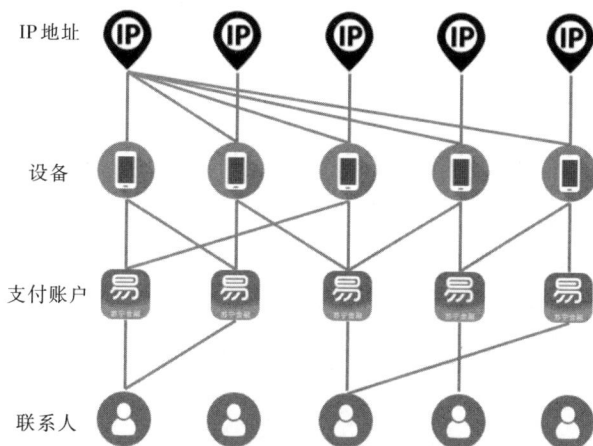

关系图谱如何实现"升维打击"？

其主要有4种手段，具体如下：

（1）全维度的事中侦测。在欺诈检测系统中，诸如登录时间和位置（例如，IP地址）之类的行为线索很容易被欺诈分子改变或伪造，但是欺诈分子很难全面地了解他们所在的整个关系网络（例如，转账、购物、登录、浏览、还款）。

因此，即便欺诈分子尽可能地掩盖了痕迹，也难免会在关系网络上露出马脚。比如上图中的共用设备、共用联系人信息、共用IP等就可以作为可疑特征用于识别欺诈事件。

（2）全局的可视化事后分析。一方面，反欺诈部门分析人员可以根据已定性案件在关系图谱上呈现出来的全局特征，优化风控规则和模型。例如，一个可疑账号可能会登录多个设备，而这些设备往往会被登录多个可疑账号。关系图谱可以非常直观地呈现这种间接的多对多关系。另一方面，也可以挖掘看似独立却存在间接联系的案件之间的关系，识别核心作案人员和其他疑似欺诈分子。

（3）全渠道的标签传播。关系图谱也可以基于现有黑名单，为可疑个体打上相应标签，用于反欺诈规则和风险提示。假设已确认一个"黄牛"常用手机号，可在关系图谱中把这个手机号直接和间接关联的账户、手机号、地址、银行卡等个体打上"疑似黄牛"的标签。这种路线便是标签传播（参见下图）。

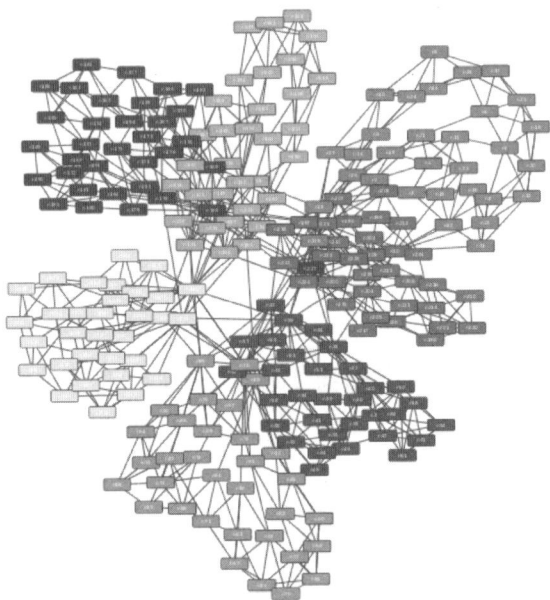

（4）高效的信息检索。传统的数据存储通常基于关系型数据库，比如转账、登录等各种关系分别存储在不同的表中，想要抽取多级关系信息则需要连接多个表才能实现。而关系图谱一般存储于图数据库中，常用的图数据库如 neo4j、orientDB 等。当关系深度较小时，比如深度为 2（类似查询朋友的朋友这种关系），关系型数据库和图数据库的性能相当；当关系深度超过 2 时，关系型数据库所需的查询时间达到图数据库所需时间的上百倍甚至上千倍，这时图数据库的性能优势就非常明显了。

构建关系图谱的关键点是什么？

数据，数据，还是数据。

目前构建关系图谱的一个重大挑战在于用户的行为数据是割裂的，散布在政府机关、传统金融机构、运营商和互联网公司的数据中心，任何一方都很难获取用户端到端、全渠道的数据，缺失关键信息则会显著影响侦测欺诈行为的效果。可以说，数据决定了关系图谱作用的上限，而图谱的本体设计和相关图算法都要基于原始数据。

一方面，各家公司都在积极外拓数据源，近些年各类数据服务公司如雨后春笋般涌现，也印证了市场需求。

另一方面，关系图谱还需要充分利用已有数据，比如时间序列信息，构建动态关系图谱（参见下图）来更有效地预测和识别欺诈风险。

随着物联网的技术发展和场景的丰富，可以展望这样一个未来：一个人的所有行为都将被数字化并映射到关系图谱上……

资料来源：倪伟渊. 这年头，老赖没法混了！大数据式追债，你见过吗？［EB/OL］.（2018-01-20）. http://baijiahao.baidu.com/s？id=1580473250642155900&wfr=spider&for=pc.

刷脸买单成现实！这一次，骗子开始死磕人脸面具了

活久见！"靠脸吃饭，刷脸买单"在2017年已然成为现实——苏宁的无人商店于2017年8月上线，用户刷脸完成支付；9月1日，支付宝在肯德基的KPRO餐厅上线刷脸支付……

刷脸支付背后的核心技术是人脸识别。其实，早在刷脸支付出现之前，人脸

识别已经被应用于很多场合，比如单位的刷脸考勤、机场火车站安检、自助打印中国人民银行征信报告时的身份认证等。

当然，在刷脸成为一种支付方式之前，是不会有人像间谍片里的间谍那样费劲千辛万苦窃取一个普通人的人脸图像的，毕竟，帮你免费考勤打卡的事情，骗子是不会干的。

但出现了刷脸支付之后就不一样了，有了你的人脸图像，骗子就有可能用你的资金账户肆意消费。有了利益驱动，骗子们自然趋之若鹜，目前市面上已经出现了能骗过面部识别的人脸面具。

能骗过面部识别的人脸面具彩图

那么，盗脸欺诈的常见手段以及人脸识别技术的应对措施有哪些呢？下文将一一介绍。

首先，我们来了解下骗子会采用哪些手段来盗刷你的脸，以做到防范于未然。

具体来说，骗子的盗刷手段，主要有3种：

（1）照片。最容易想到也是最容易实现的盗刷方式是采用静态照片，爱自拍的你在微信、QQ、微博、人人网等社交工具上一定留下了不少自己的照片吧。

骗子可以戴上拷贝你的照片做的2D面具，在眼睛的位置开孔实现眨眼等动作，来达到盗刷的目的。

（2）视频。通过录制和翻拍用户的人像视频也可以进行欺诈。相对静态照片，视频是由许多帧图像组成的，可以增加欺骗人脸识别系统的成功率。

（3）3D面具/头套。3D打印技术成熟后，骗子可以打印高清的3D面具进行欺诈（参见下图）。相对于照片和视频，戴上3D面具可以应对基于景深的检测算法，也可以配合系统指令做出相应的动作，因此这种欺诈手段更具威胁性。

盗刷人脸
彩图

看上去，盗刷人脸并不是那么难吧。我们普通人，该如何防范盗刷人脸的行为发生呢？

作为用户，最重要的是要保护好自己的个人信息，比如照片、视频不要轻易放到网上或发给陌生人。

当然，现在的美颜软件也在一定程度上保护了大家的隐私。试想一下，朋友圈里一张连亲妈都认不出来的美颜照片，怎么可能和身份证照片匹配得上呢？

而在介绍人脸识别反欺诈方式之前，让我们先了解一下典型人脸识别系统的几个关键步骤（参见下图）。

人脸检测 → 人脸配准 → 活体检测 → 人脸识别

具体介绍如下：

人脸检测：从图像（视频帧）中定位人脸所在的区域；

人脸配准：对人脸姿态进行矫正；

活体检测：判断人脸的真伪，这是反欺诈的关键步骤；

人脸识别：将新捕获的人脸图像和数据中已知身份的人脸图像进行比较，识别来者身份。

在这里，有必要解析下反欺诈的关键步骤——活体检测的几种常见算法：

（1）基于动作指令的欺诈检测

目前很多移动端APP在做实名认证时，需要用户配合指令完成眨眼、摇头、点头、张嘴等组合动作，这样可以在很大程度上规避采用静态照片的攻击。但大多数APP中的要求动作都是固定的，通过事先制作的视频完成欺诈也是有可能的。因此，一些人脸识别厂商进一步采用让用户读随机数字再配合嘴唇特征点检测算法实现欺诈拦截。

（2）基于微表情的欺诈检测

这是通过检测一段时间内用户是否存在细微的表情变化来判断真伪人脸，若没有发生微表情变化就认为是假脸。这种方法对用户的配合度要求较低，主要用于对静态照片的反欺诈。

（3）基于图像纹理的欺诈检测

经过二次采集或打印的图像与真实人脸在纹理细节上存在一定差异，比如局部光照和图像质量的区别。因此，可以对人脸图像进行特征提取，获得可用于区分真假人脸的特征，再作为机器学习模型的输入来判别真假人脸。

目前学术界针对人脸识别的反欺诈方法还有很多，这里就不一一介绍了。随着人脸支付工具的逐渐推广，人脸反欺诈技术也越发重要。值得一提的是，单一的人脸反欺诈方法都会存在局限性，无法做到面面俱到，因此可以融合多种方法来提升反欺诈的识别率，并在特定场景结合其他生物特征密码（比如声纹）来进一步提升支付的安全性。

资料来源：倪伟渊. 刷脸买单成现实！这一次，骗子开始死磕人脸面具了［EB/OL］.（2017-09-11）. https://www.sohu.com/a/191279132_689010.

骗贷分子总想空手套白狼，
哪些金融科技能让他们现原形？

记得在一部美国电影里，小生意人准备了一大摞的纸质证明去银行申请贷款，并穿上自己最体面的衣服，以期给贷款经理留下更好的印象。

如今在互联网浪潮的推动下，金融机构也纷纷推出了各自的在线金融产品，用户在手机、电脑上提交相关信息就可以购买和使用这些金融产品，无需亲临网点或准备各种证明。在这种模式下，金融机构没法再通过审核纸质证明或打量申请人的穿着来评判其还款能力。

但这并不意味着金融机构就对用户提交的信息完全信任。实际上，金融机构会借助各种金融科技手段来"审核"用户提交的材料，现在欺诈分子想要弄虚做假糊弄反欺诈系统，可比伪造证明材料难得多。本文将介绍几种用于核实申请人信息的反欺诈技术。

生物特征核身：你真的是你吗？

互联网上最常见的欺诈行为就是盗用账户。金融机构仅凭用户名、密码和手机验证码不足以确认用户的身份。为此，金融机构通常会采用人脸识别、声纹识别等生物特征技术来"验明真身"。

（1）人脸识别

人脸识别是金融机构最常用的生物特征技术。例如，用户在苏宁金融APP激活任性贷业务时就需要刷脸，这时后台会将采集到的人脸图像与用户提供的身份证号码对应的照片进行比较，确保是本人使用，才会通过任性贷审核。

刷脸核身的另外一个关键技术是活体检测，毕竟现在获取他人的照片并不是一件很难的事情，活体检测技术就需要确保摄像头面对的是一个人，而不是照片或电子屏幕。

（2）声纹识别

声纹也是一种个人特征明显的生物特征，并且音频也非常简单，任何手机甚至固定电话都可以作为采集设备。用户需要提前录入一段音频作为模板，在进行身份验证的时候，用户根据系统提示说出相应的语句。验证语句每次都可能不同，避免录音攻击。在接收到新的音频之后，声纹识别模块会提取所需的语音特征与模板进行比较，判断是否系本人操作。

地理位置核验：你真的住在这吗？

家庭住址、工作地址等也是申请线上贷款时需要提供的重要信息。如果一个申请人连真实地址都不愿意提供，那么其违约的概率一定非常高。因此，地理位置核验也是一个非常有效的风控工具，借助它，至少需要核验3个方面的信息：

（1）地址的有效性

首先需要验证用户填写的地址是有效的，而不是胡乱编写的、不存在的地址。一个常用方法是结合地图工具将地址转换为经纬度，如果转换失败则说明地址无效。

（2）地址的真实性

在确认了地址的有效性之后，就需要判断该地址是不是用户实际居住或工作的地址。目前许多APP都会获取用户的GPS信息，计算用户的活跃位置与填写地址之间的距离，可作为一个衡量地址真实性的有效指标。

（3）收入信息评估

另外，还可以根据用户家庭地址获取居住小区的房价信息，来推测用户的还款能力。这个思路与奢侈品商店营业员打量顾客穿着来评价其购买力是类似的。

社会关系核验：她真的是你的她吗？

通常，申请人在申请贷款的时候，需要提供配偶或紧急联系人信息。因为，仅仅通过电话确认无法识别团体欺诈行为，一个有效的手段是利用关系网络验证社会关系的一致性。举例来说，假设已知小明在申请材料中填写了小花为其配偶，小强为其子女，那么可以推理出小强和小花应该是母子关系。若是小强后来申请的时候，提供的社会关系与已知关系和推理关系存在不一致，那么就可以怀疑这些用户资料的真实性了。

基于关系推理的一致性检验

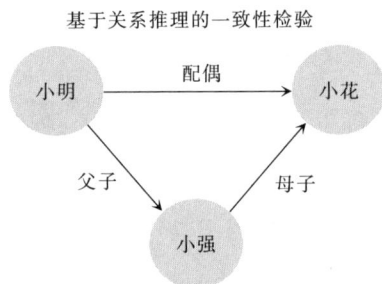

多维度融合验证，攻守大战继续上演

前面介绍的都是基于单一维度信息的验证，我们还可以根据多维度信息来判断一致性。例如，给定一个用户的手机号、邮箱、IP地址等信息，可以根据这些信息在不同场景的关联数据计算一个信息置信度，置信度越高说明真实性越高。假设邮箱地址的置信度较低，则说明这很有可能不是该用户的常用邮箱。

在与欺诈分子的博弈中，金融科技是互联网金融公司的强大护卫，但也远没有达到滴水不漏的程度。例如，市面上不少非法软件就可以篡改GPS信息来绕过反欺诈规则，如何有效识别这类篡改行为还存在一定的难度。金融机构与欺诈分子的攻守大戏还在继续上演。

资料来源：倪伟渊. 骗贷分子总想空手套白狼，哪些金融科技能让他们现原形？［EB/OL］.（2018-03-15）. https://baijiahao.baidu.com/s? id=1594915672398455525&wfr=spider&for=pc.

深度！起底黑产和大数据
风控之间的攻守之战

说起黑产，许多人可能比较陌生或者感觉神秘，但黑产就在我们每个人身边，例如常见的"羊毛党"。

黑产的全称是网络黑色产业链，是指通过网络技术形成的分工明确、衔接密切的利益团体，通过入侵计算机信息系统、非法窃取包括个人信息在内的计算机信息系统数据等，谋取非法利益的产业体系。

据不完全统计，2017年我国黑产的从业人员在百万人以上，每年造成的损失达千亿元。

针对黑产套利，企业不会坐以待毙，因此黑产的存在也催生了专门的风控团队与之对抗。攻防之间，套路不断演变、战场不断扩大、技术不断升级，这个动态的进化过程完美诠释了什么叫"魔高一尺，道高一丈"。

下面，将为您详细解说黑产与风控的攻守对抗。

生物特征比拼

在生物识别领域，所有的技术手段都是为了验证操作者"就是你本人"，所以，黑产想要攻破防线，就必须想方设法模拟用户的生物特征，以便通过验证。下面将一一介绍：

（1）手机指纹识别。

手机指纹识别已经普及多年，但真的绝对安全吗？不见得！黑产人员只要愿意，可以通过采集用户遗留在各种物体表面上的指纹印记，重构出一片带有纹理沟壑的指纹膜，套在任何一个人手上，就可以成功骗过一般的指纹识别。

电容指纹膜——可欺骗光学/电容指纹识别

因此，比较高级的手机都采用了分辨率更高的指纹识别模块，除了使用真人手指倒模而成的指纹膜之外，不会轻易被前述的指纹痕迹构造的指纹膜（少了很多指纹细节）所欺骗。

（2）人脸识别。

在早期技术较为落后的年代，人脸识别系统还停留在五官特征识别的阶段，黑产人员使用一段带有用户人脸的视频或者3D打印的人脸面具（需要不同角度的人脸信息），就可以骗过认证系统。

3D打印制作出的人脸面具

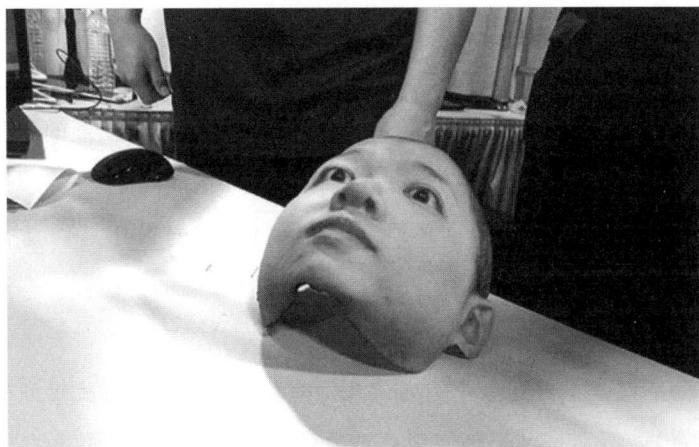

3D打印制作出的人脸面具彩图

因此，今天大家常见的人脸识别场景，都增加了活体识别功能，随机要求用户做出眨眼、点头、摇头等表情/动作，确保拍摄对象是真人。

虽然这限制了一部分黑产人员的攻击尝试，但更高端的黑产技术已经开始使用3D软件建模渲染出用户的人脸，并且可以模拟简单的动作和表情，骗过活体识别。

针对这种安全要求更高的场景，风控人员为人脸识别集成了最新的眼纹识别技术，以检测人眼当中独特的血管分布，一般黑产人员是不太可能获取如此高清晰度的用户照片的，通过技术手段模拟的难度极高。

更高级的终端设备，具备景深摄像头和红外摄像头，能够滤掉3D打印的脸模欺骗（脸模的热分布和正常人脸不一样）、识别任何类型的视频欺骗（因为视频播放设备是平面的屏幕，不具备人脸的景深）。

另外，在普通终端设备上，风控系统可以增加额外的声纹识别步骤，要求用户念出随机的文字，以防止黑产继续在图像上做文章。

数据比拼

用户隐私数据一直是黑产想吃的一块"肥肉"，毕竟有了这些数据，许多系统和业务的大门就完全敞开了，手持大量隐私数据想要牟利真的是易如反掌。

黑产的技术人员（通常是上游的黑客）通过破解服务提供商的服务器，攫取大量敏感数据（如账号、密码等），这在业内称为"拖库"。

业务平台面对黑客的攻击，必须及时为操作系统打补丁（修复安全漏洞），升级各类依赖库，加强业务代码的安全性，降低被攻破的可能性。

但世上没有完美的系统，业务平台的数据库一旦被黑客攻破，大量用户数据泄露，对应的平台就不再安全（例如，几年前某大型电子邮件提供商的用户名和明文密码泄露），特别是电子邮件服务被攻破，许多其他服务的账户以邮箱作为密码恢复方式的，也会变得岌岌可危。

因此，除了常规的系统加固，业务平台也要对用户敏感数据进行加密存储（如密码），对信令/日志中的敏感数据做脱敏处理（例如，手机号156××××4321），尽可能少地以明文方式记录核心敏感信息。

值得注意的是，黑产团伙除了直接攻击业务系统，也不会放过普通用户，他们使用木马/病毒直接截获用户在客户端设备上的数据或输入信息，或者通过钓鱼网站欺骗用户输入自己的敏感信息。

但最容易得手的，还是通过非IT技术手段的欺诈，即通过交流来诱导受害人通过安全认证从而侵入到敏感信息——类似这样的坑蒙拐骗术，国内通常称为电信诈骗，英文叫法却很中性甚至有点文艺——social engineering（社会工程学）……由此衍生而来的就是社工库（social engineering database），黑客将获取到的用户数据进行整理归档（也称洗库），以便集中查询的数据库。

社工库里除了典型的账户密码，甚至还包括关联的其他社交信息、银行信息等。需要说明的是，有些社工库可以提供免费查询服务，还有一些需要付费。另外，在神秘的暗网里，也可以查询或购买到相当多的敏感用户信息。

因为风控人员无法保证所有平台的安全，所以，他们除了被动地防御，也会主动出击，监控黑产情报，包括对各大社工库数据进行分析，可以及时获知哪些账号已被攻破，针对此类高危账户产生的业务请求有效提高对应的风控级别。

账户/设备行为比拼

不过，黑客为了扩大获利面，总会尽可能广撒网，因此黑产行为越来越多地向批量化和自动化演进，这就向风控系统提出了新的挑战。

比如，一般业务平台为了营销，经常会开展优惠或者返现等活动，黑客闻风而至，大规模套利，业内称之为"薅羊毛"，其最常见的手段就是大量注册新用户领取平台的活动奖励。

针对这种现象，风控系统介入后，最基本的要求就是——用户必须使用手机号作为账户主体进行注册，待用户注册后，风控系统会通过短信验证码的方式确保手机号处于正常在网状态。

但这难不倒黑客。他们会从卡商那里购买即将废弃但仍然可以接收短信的手机卡或者廉价的物联网卡，再通过短信收码平台来获取短信验证码（每条仅需几角钱），然后回传给脚本工具，快速完成大量新号注册。

为了防止黑客的脚本登录，风控人员通常会强化登录验证，最常见的就是随机图片验证码和拼图验证，由于图片本身不易被程序翻译成文本，加上拼图的随机性，阻挡了许多脚本的尝试。

然而，随机验证码虽然挡住了脚本，却依然还是要给人识别出来的。黑客设立的打码平台（网赚平台），利用低廉的佣金吸引闲暇时间比较多的人群来帮忙人肉翻译验证码，然后把翻译好的文本回传给脚本，连同撞库的用户名、密码再尝试登录。有实力的黑产团体，甚至可以使用图像识别技术，直接搞定验证码图片到文本的转换，而拼图验证也可以通过图像识别配合鼠标轨迹脚本，完成拼图，成功登录。

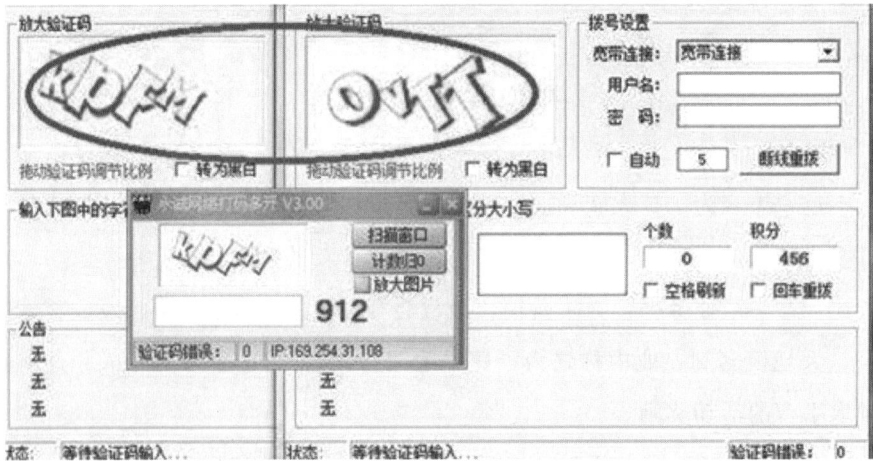

某打码平台的客户端界面（输入正确可赚取积分）

既然验证码无法阻止黑产行为，风控系统就在客户端部署鼠标轨迹侦测代码，配合机器深度学习，归纳真人操作鼠标的移动规律，让黑客的自动脚本无计可施。

但黑客不会就此无功而返。他们从社工库或者其他渠道获取用户的账号密码之后，会尝试去其他平台使用上述账号密码组合碰碰运气（因为不少用户在多个平台上使用同一套密码），也就是所谓的"撞库"。一些比较老旧的服务平台，登录接口只需要提供用户名和密码即可，黑产人员使用简单脚本即可轻松尝试所有已知的用户名和密码组合，总有一部分会成功登录，进而扒取更多的敏感信息甚至借用账号实行骗贷和网络诈骗。

对此，风控系统增加了新的限制规则，客户端在请求消息中会携带手机的串号或其他设备信息（如 IP 地址），风控规则不准同一台手机/同一个 IP 频繁执行注册或不断切换账号尝试登录。

然而，黑产人员也很快发现了问题，他们开始使用 PC 端的手机操作系统模拟器，或者在真实手机上安装改机工具，随意设置各种终端设备信息，绕过风控规则对设备的限制。针对 IP 封锁，黑产人员则使用廉价的高匿名代理服务器来欺骗业务平台，从业务请求消息的内容当中只能看到代理的 IP 而看不到源头的 IP（即"匿名"的由来）。

换句话说，仅从服务端做规则检查已经无法准确识别黑产设备了，因此风控系统的控制点延伸到了终端，采用 APP 加固来识别运行环境（是否模拟器），检测 Root/越狱状态，屏蔽或限制此类设备发起的业务请求。

对于 IP 代理，风控人员通常使用 IP 黑灰名单，过滤掉已知/嫌疑的代理 IP，进一步的，描绘用户画像，根据用户最常使用的 IP 判断异常请求，并采取更高强度的身份验证以防欺诈（例如，临时锁定账号，使用邮箱或短信解锁）。

等发现软件模拟的方式行不通之后，黑产人员又打起了实体手机和手机卡的主意，他们使用"猫池"长期供养大量的手机卡（平均成本很低），并且按期产生通信活动，使号码看起来处于正常的活跃状态，在网时间较长，就自然绕开了风控规则对新号的限制。

一部 32 口的猫池（支持最多 32 张手机卡同时联网）

针对黑产养号，风控系统则采用手机卡号黑灰名单，配合手机画像，来识别手机卡号是否属于卡商低价大批量出售的手机卡/物联网卡，是否曾经有过疑似"薅羊毛"的行为，抑或某些号码附着的基站位置是否长期没有变化，如果是的话，均将其归结为高风险对象，并建议业务平台拒绝此类号码。

另外，伴随着现代移动互联网市场飞速发展，许多业务都必须通过手机 APP 执行，而且 APP 加固之后可以有效识别手机操作系统模拟器。因此，有资本的黑产团伙会购入大量手机，使用群控系统进行批量操作，游走各种平台进行大规模套利/欺诈活动。

手机群控系统(又称设备农场，一部电脑控制多台手机)

先进的风控系统则会采用设备指纹技术（嵌入到业务软件中的代码模块）来侦测手机的调试状态（手机进入调试状态才可以被连线的电脑操作），分析手机传感器的状态（例如，GPS定位、陀螺仪倾角），判断设备异常（例如，位置和姿态长期不变），跨平台跨业务识别出设备真实身份，阻止其发起的业务请求。

不过，黑产作为一条产业链，有明确的分工，形成上中下游，在地理和人员上分布广泛、关系网复杂，可以躲避风控/法律有针对性地打击，很难一锅端。

也正是黑产的这种复杂关系网，催生了风控的知识图谱技术，该技术把多个维度的数据通过关系连接在一起，形成网络，计算分析得到某个实体（例如，手机号）与其他实体（例如，账户、银行卡、收货地址、常用登录IP）之间的正常关联关系，找到可疑关系变动及其与黑产相关的上下游关系，由此鉴别异常/高危业务，降低风险；当黑产人员尝试将利益转移时，知识图谱也可以识别异常的交易关系，并加以阻止。

知识图谱展示账户/身份证/手机号等实体之间的行为关联

● 手机号 ● 户头号 ● 身份证号 ● 设备ID ● 银行卡号 → 行为/交易 → 签约/注册

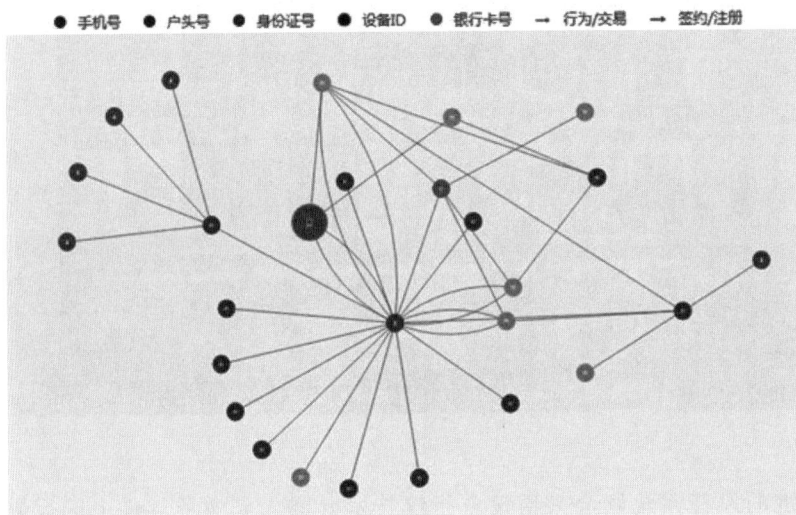

最后，需要说明的是，斗争永不停息，不存在完美的黑产手段或风控体系，双方从最初的规则对抗，演变到技术对抗，进而数据对抗，不断进化，最后的结果就是比拼成本。黑产套利的成本过高就会放弃尝试，风控成本过高则会影响公司的整体利润率，宏观上形成一种微妙的平衡。

作为一个普通用户，大家需要做的是保护好个人账号和信息，不贪图小利，从而避免被黑产利用。

资料来源：周成．深度！起底黑产和大数据风控之间的攻守之战 ［EB/OL］．（2018-04-14）https：//baijiahao.baidu.com/s？id=1597627932563468037&wfr=spider&for=pc.

欺诈分子的克星来了！看设备指纹如何保护我们的账户安全

亲爱的读者朋友，你是否发现，原来有些需要输入密码登录的 APP 现在已经不需要输密码了，曾经需要接收的短信验证码也不再需要了？

这说明后台已经"认识"你的设备了，不再繁琐地要你证明"你自己是你自己"了。

设备指纹就是这样一种可以在我们无感知的情况下，记录我们设备"身份"的工具。当设备指纹发挥作用时，犯罪分子企图利用新设备登录我们的账户就可以被轻易地发现，从而有效保护我们的账户安全。

什么是设备指纹?

设备指纹,顾名思义,就是我们登录网页、登录APP时,后台记录设备的"指纹"。人的指纹具有唯一性,所以可以被用来识别身份,因此开发者们也希望为登录平台的设备寻找这样一个"指纹",能够准确识别是否曾经"见过"这个设备。

例如,某用户经常使用苹果手机在苏宁易购登录并购买商品,那么这个设备的指纹就会被记录下来,当下次这位用户再次使用这个苹果手机登录苏宁易购时,系统会自动发现这个设备是之前登录过的,并且判断该设备是否安全。如果系统认为该设备是安全的,就会适当放松验证措施,例如,取消验证短信、取消账户密码验证等,使整个购物流程更顺畅。

在整个过程中,用户不需要执行任何具体的操作,也不会对"指纹"的生成有任何的感知,因此不会对用户登录时的体验产生影响。

就像我们在记住一个人的时候,通常是通过一个人的长相、身高、体型等因素,在生成设备指纹的时候通常会综合考虑手机型号、Cookies、屏幕分辨率等因素。这样即使其中的某个因素发生变化,算法也能准确识别用户正在使用的设备是否是一台新设备。

状态信息

电池状态
未在充电

电池电量
47%

IMEI 1

IMEI 2

IMEI SV

IP地址

WLAN MAC 地址

蓝牙地址
不可用

序列号

已开机时间
3:17:52

设备指纹有哪些作用?

具体来说,设备指纹主要有4大作用:

(1)助力反欺诈,保护用户的账户密码

随着各种服务的网络化提供,我们使用的APP越来越多,许多用户会选择在不同的平台使用同一套账号密码,这样就给了犯罪分子可乘之机。通过获取某一个平台的账号密码,犯罪分子可以利用撞库等方式,去尝试攻击用户在其他平台的账户,从而使用户蒙受损失。

设备指纹可以让你在第一时间发现这些登录异常。通过对用户常用设备的记录,可以及时准确地识别出当前设备是否为新设备。如果一个用户的账户密码在别的平台上被盗取,骗子又利用新的设备在苏宁金融尝试登录,算法就可以马上检测到这一异常并采取反制措施,保障用户的账号安全。

(2)减少验证环节,改善用户登录体验

曾经怎么也看不清的图形验证码,怎么也收不到的短信验证码,怎么也记不住的账号密码……终于可以说再见了！通过建立设备指纹系统，可以准确识别哪些设备是用户主设备，若用户是正常用户且在该设备上没有异常行为，那么可以考虑放松对该设备的验证，通过取消人机验证、免密登录等方式减少用户在登录时损耗的时间，改善用户体验。

（3）建立设备黑灰名单，防范团体性欺诈

对涉案设备建立黑名单制度，杜绝犯罪分子重复利用同一台设备进行犯罪，通过提高犯罪成本从而整体降低犯罪率。由于采用多个维度共同生成设备指纹，因此犯罪分子即使对设备的某些信息进行人为修改，也很难逃过黑名单的制裁。同时通过各项特征计算设备间的相似性来准确识别团伙作案，从而防范黄牛及"羊毛党"等群体性欺诈行为。

（4）研究用户行为，实现精准营销

打开手机APP可以收到日常用品的推送，打开网页端可以收到图文并茂的大件商品推送……通过对用户许可下的购物及浏览信息进行分析，对我们在该设备上的行为习惯进行挖掘，从而实现对我们每个人，每台设备的精准营销，进一步降低平台的营销成本。

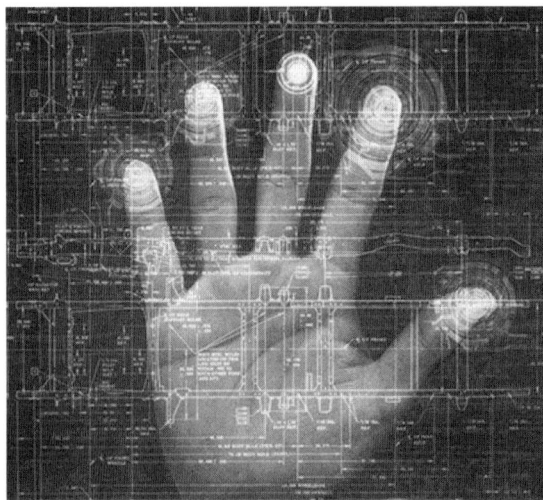

结语

随着移动互联网时代全面来临，黑色产业已形成了年产值上千亿元的产业链。但与此同时，过度的风险审核措施又会影响用户体验。如此，成熟的指纹技术已成为每一家反欺诈企业的大数据风控的关键技术之一。正所谓"魔高一尺，道高一丈"，在黑色产业不断演变的今天，设备指纹技术也在不断进步，从原先简单的识别设备型号，到现在苏宁金融APP的第三代设备指纹，不仅可以准确识别你的常用设备，更可以根据设备、位置等信息的相似性发现团伙作案，让你在使用苏宁金融APP时更安心、更便利。

资料来源：王耀东. 欺诈分子的克星来了！看设备指纹如何保护我们的账户安全 [EB/OL].（2018-07-09）. http://www.sohu.com/a/239864768_371463.

| 第6章 |

理财科普类

强监管下，如何选择一家靠谱的P2P平台？

1

认识一个朋友，钻研网贷行业数年，写过一些评论性文章，算是一个资深的投资者了，近期，他陆续把到期的P2P投资资金都取了出来。问其原因，他回复说"心里没底"。

什么样的平台才是靠谱的呢？

似乎每个人都可以说两句，上线银行存管、不良贷款率较低、交易规模大、股东背景雄厚……仔细想一下，似乎没有一条能真正经得起推敲。

上线了银行存管，起码得到了银行的认可，却也并非万无一失。网贷之家的数据显示，截至2018年1月，全国共有25家平台上线银行存管后出现问题，其中，17家提现困难、4家跑路，其他几家"保证"效果只会更差，比如规模大，规模大自然不容易出问题，但出了问题便是大问题。

在最初的监管制度设计中，P2P平台备案登记是前置步骤，领取营业执照后10个工作日内去备案登记，登记之后才是申请电信业务经营许可、上线银行存管等。但在实践中，流程恰恰颠倒了，其他工作都就绪后，监管逐条核查合规情况，确保无误后，最后予以备案。

尽管"备案登记不构成对机构经营能力、合规程度、资信状况的认可和评价"，但地方监管机构备案登记本身必然会被投资者视作平台靠谱的证据，自然相关部门也就不能轻易地备案通行，要平台真的靠谱才行。

从这个意义上看，各地监管机构备案登记实施细则便是其挑选"靠谱"平台的步骤，不妨看一下，过程有多复杂。

北京：需要提交11项备案材料，15个工作日的公示期，接受社会监督。在备案审查中，监管机构会"根据国家1+3的规定、57号文及148项（合规整改）规则"进行验收，同时强调"验收备案只求质量，不求数量，通过一家备案一家"。

上海：需要提交12项（新平台）或17（老平台）项材料，1个月的公示期，接受社会监督。"此次备案将从严把握，首批备案在数量上进行严格控制"。

深圳：需要提交14项（新平台）或19（老平台）项材料，106条整改细则，"完成对照整改并经市金融办验收合格后，方可申请备案登记"，1个月的公示期，接受社会监督。

上述备案材料中，除了平台自述性材料外，还包括律师事务所出具的法律意见书、会计事务所出具的专项审计报告、公司信用报告、第三方电子数据存证平台合作协议等文件，引入了第三方专业机构监督和审查机制，整个过程，经过"多方数据比对、信用核查、实地认证、现场勘查、高管约谈、部门会谈"等多个步骤，涉及地方金融办、银保监局、公安局、通信管理局、网信办以及工商局等多个机构。

经过如此复杂的流程和审慎的决策，监管机构方"敢"予以备案，即便如此，也一再重申"备案登记不构成对机构经营能力、合规程度、资信状况的认可和评价"，且保留撤销平台备案资质的权利。

这足以说明，判断一个P2P平台靠谱与否并非容易事。

2

事实上，没人敢拍着胸脯说某类P2P平台是靠谱的，只要有固化的标准，就会有针对此标准的骗局出现。

所以，投资 P2P 产品，是要有承担风险的心理准备的，如《P2P 网贷管理暂行办法》第十四条规定："参与网络借贷的出借人，应当具备投资风险意识、风险识别能力、拥有非保本类金融产品投资的经历并熟悉互联网。"

这个心态不摆正，就会做出很多违背投资逻辑的事情，比如：借钱买 P2P 理财产品。一般而言，能让人借钱去投资的理财产品，必定是充分吊起了投资者的贪婪之心，以至于通过加杠杆的方式来放大这种收益。

在 2015 年的牛市和 2017 年的炒币潮中，大家见多了这样的例子，有些人为了利润翻倍而加杠杆，我们称之为激进投资者，赌对了便可财富自由；相反，也愿赌服输。

在 P2P 投资中，加杠杆不过为了几个点的收益（如以年化利率 7% 借出钱款，再投资到年化利率 10% 的产品中去，一年赚取 3 个点的利差），赌对了一年多赚几千元钱，输了则背上沉重的债务。激励和风险并不相称，这样的投资者不能称之为激进的投资者，只能算是不合格的投资者。

All In P2P 理财产品。在跑路平台维权群里，必定少不了这么一类投资者，"瞒着家人投了 50 万元进去，现在都不敢告诉家人，每天还要强颜欢笑，怎么办"，这便是 "All In" 型投资者。

All In 型投资者的最大问题是降低了理财选择的容错率，要么对，要么全错，背后仍然是 "赌" 性作祟，属于典型的激进型投资者。

投资后零操作。买前精挑细选，买后不管不顾，这是大部分投资者的写照。很多跑路（或清盘）的平台，在你买入的时候都是正常经营、看不出一点端倪的，而在跑路前，则会出现各种各样的异常事件，释放出预警信号。

临近 2018 年春节，P2P 行业又出现一波停业（或问题平台）潮，其中，不乏一些成立多年的老平台。2018 年 1 月份以来，各地出现问题平台 64 家，其中 45 家主动停业发布清盘公告，19 家出现跑路、提现困难等问题，它们当中 22 家为成立于 2015 年之前的老平台。投资后零操作、零关注的人是看不到这些信号的，相信都会中招。

3

只有具备了风险意识和正确的投资习惯之后，才有了解如何正确选择 P2P 平台的必要。

因为不可能存在绝对靠谱的平台，所以在平台筛选时，更多地要用到红线排除法，即确认几个投资红线，红线之内，一概远离，平台很多且足够同质化，不必担心"误杀"的问题。

（1）未上线银行资金存管的平台，一概远离。银行存管可以有效防止平台挪用客户资金，是用户资金安全的一道阀门。网贷之家的数据显示，截至 2018 年 1 月 8 日，共有 911 家平台宣布与银行签订存管协议，其中 698 家完成系统对接上线，占行业机构数量的 36.15%。

考虑到监管机构早在 2015 年年末就提出了银行存管要求，经过 2 年多的时间都未上线存管的平台，要么是实力较差银行看不上，要么是就是合规意识淡薄，还是远离为上。

当然，上线银行存管的平台一样会出现问题，一些银行也存在着"存而不管"的问题，还需要接着排除。

（2）成立时间超过两年且月成交额低于 3 亿元的平台，可谨慎参与。任何平台都是从小到大做起来的，从这个角度讲，这里不对新成立平台设置规模门槛。对于成立时间 2 年以上的平台，如果月成交额低于 3 亿元，建议谨慎参与。从网贷之家的数据看，月交易规模 3 亿元在行业内排名 100 位左右。

成交量可以有效反映平台的获客能力和资产拓展能力，若严格按照个人 20 万元、企业 100 万元的借款上限，3 亿元的成交量至少对应 1 500 个借款个人或 300 个借款企业，不算多，也不算少，它已经具备了一定的借助存量客户自我循环发展的能力。此外，只有较高的成交量才能摊薄平台在经营过程中产生的营销推广、IT 运维、数据风控等成本，获得一定的市场竞争能力。

当然，成交量也可通过刷单、羊毛党等方式作假，高成交量可能有水分，但低成交量也的确表明平台综合实力不强。

（3）信息披露不透明的平台，建议远离。在互联网和大数据时代，透明是需要底气的，心里没鬼才会有这种底气。在信息披露上遮遮掩掩的平台，没人知道背后隐藏着什么猫腻，远离就好了。

监管机构发布了信息披露细则，但对绝大多数投资者而言，很难做到按图索骥一一排查，更多地只是靠主观判断。

此时，可以借助国家互联网金融安全技术专家委员会、互联网金融协会、互联网金融登记披露服务平台等机构，参考平台数据情况以帮助投资决策。

中国互联网金融协会信批平台中披露的某平台数据如下图所示：

平台运营信息

交易、逾期信息

信息截止日期 ◀ ▶	交易总额(万元)	交易总笔数(笔)	投资总笔数(笔)	融资人总数(人)
2017-05-31	6,350,881.21	1,234,145	16,045,198	162,762
2017-06-30	6,904,876.46	1,385,351	17,715,926	207,430
2017-07-31	7,533,138.66	1,541,558	19,595,963	253,749
2017-08-31	8,151,992.93	1,682,993	21,566,610	291,491
2017-09-30	8,763,096.05	1,811,190	23,660,730	326,974
2017-10-31	9,184,212.79	1,909,098	25,645,529	354,755
2017-11-30	9,638,544.25	2,010,095	27,532,539	366,178
2017-12-31	10,036,289.55	2,071,937	29,876,191	403,126

查看该机构项目

对于新手而言，通过上面几个指标的筛选，就可过滤大部分不靠谱的平台。对于经验老道的投资者，还可以通过平台发标情况、收益率变动、反常促销、交易量情况、负面舆论信息、代收余额变动、甚至实地走访来进一步提高筛选准确度。

还没有结束。

随着刚性兑付的打破，具体的项目逾期后，平台不允许进行兜底，这意味着，平台的安全不等于理财项目的安全。投资者在选定相对靠谱的平台之后，对于具体的借款人也要具备一定的甄别能力。

借款人的甄别，是商业银行风控部门的核心职责，涵盖授信发起、风险审批、贷后管理等几个流程，涉及行业分析、财务分析、经营分析以及押品管理等，是个成体系的活儿。

对于普通投资者而言，能做的实在有限，最终，还是要依赖平台对借款人的甄选能力，且要接受"平台判断失误、自己承担风险"的结果。毕竟，具体的投资项目是投资人自行挑选的。

回到开头朋友的那个选择，真正让他心里没底的，估计便是这个吧。

理财有风险，投资需谨慎。

资料来源：薛洪言. 强监管下，如何选择一家靠谱的P2P平台？［EB/OL］.（2018-03-12）. https：// news.p2peye.com/article-510145-1.html.

为什么说成功的投资都是反人性的？

投资是一场人性的博弈，面对着真金白银的投入，人们总会深思熟虑、理性决策，但实际情况真能如此吗？

为什么许多人常常发现自己手里，好票拿不住，烂票一大把？

为什么面对纷繁复杂的资本市场，人们总感觉患得患失，无所适从？

为什么获得诺贝尔经济学奖的大师们，在资本市场中会马失前蹄？

以下是投资决策过程中常见的一些人性弱点，克服这些弱点，你就离成功投资获利不远了。

投资决策的13个人性弱点

（1）损失厌恶：人们总是喜欢确定的收益，讨厌确定的损失。

假定你打开交易软件，发现上周投资的某只股票毫无征兆地涨得非常好，盈利超过50%（持仓成本为16元/股，现在涨到了24元/股），你会如何操作？

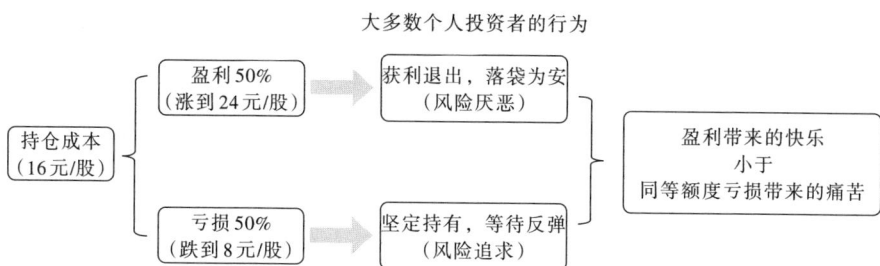

大多数个人投资者的行为

大部分人的第一反应是获利退出，落袋为安，部分"老司机"可能会选择部分卖出，收回本金和部分利润，留着剩下的一部分利润在股票里，再搏一把。

在这里，无论是全部卖出，落袋为安，还是部分卖出，收回本金，都反映了人们在盈利情况下，对于风险（不确定性）的厌恶。

人们会一直保持风险厌恶吗？不一定！

还是上面的例子，假定股价不是大涨，而是大跌了50%，（持仓成本为16

元/股，现在跌到8元/股），你会如何操作呢？

心理学家发现，大部人会选择继续持有，等待反弹。因为此刻卖出，意味着浮亏变为实亏，这是一般人不愿意接受的，为了避免确定的损失，人们甚至变得更加愿意承担风险，持有股票、期待反弹。最后，盈利（赚1 000元）带来的快乐程度要小于同等额度亏损（亏1 000元）带来的痛苦。如此也解释了为什么很多散户手里的好票拿不住，烂票一大把。

（2）禀赋效应：人们对于自己所拥有的资产给予更高的估值。

你有没有过和某只股票"谈恋爱"的经历？

人们爱上一只股票的理由太多了：它可能是自己人生中买的第一只股票；或者自己或亲人曾经在那家上市公司工作过，对于那段光荣岁月有着刻骨铭心的回忆；又或者，你一直是某家上市公司的超级粉丝，觉得该公司的产品和服务体验非常棒，也可能是自己最欣赏的大咖领导的公司或者推荐的股票，"大神，请带我飞"……

是的，人是情感动物，偏向于将感情与自己所拥有的资产进行联结，给予相应资产更高的估值。在一般情况下，这种效应问题不大，但是当资产价值大幅波动时，禀赋效应使得人们因为感情的原因，不愿意及时止盈止损，最终承受损失。

（3）代表性偏差：人们习惯于简单地根据过去的经验对新信息下定论。

如果你听到某分析师说"我认为股价下一步将会……，因为2011年的经济指标和现在相似，当时股价……"，听到这种话的时候，要小心了，这里可能存在着"代表性偏差"。

心理学家曾经做过这样一个实验：他们在街头随机访问一些路人，问他们"到底是心脏病危险还是中风危险？"，得到的回答往往是这样的，如果他们身边有人不幸患上了心脏病，他们就会说心脏病危险，而如果身边有人中风，则更可能说中风危险。

其实，这个问题需要医学家对大量的病例进行细致的研究，才能得出结论，但是人们总习惯于简单地套用过去的经验去预测未来。

回头来看前面分析师的那句话，2011年至今，虽然经济指标类似，但无论是产品规模、法律法规，还是监管态度、投资者的成熟度，以及我们的资本市场都发生了翻天覆地的变化，仅仅因为一些指标的类似，就推出股价会有相似的走势，这个结论的靠谱性是有待进一步考证的。

固然，从过去相似的事件中去总结归纳经验，是经济/金融学常用的研究方式，但结论的得出需要严格的论证、推导和检验。简单地通过套模板得出的结论肯定是有待检验的。然而，你去翻翻券商分析师的研究报告，存在大量这样的语句，受过专业训练的分析师尚且如此，何况个人投资者乎？

（4）控制错觉：人们惯于相信自己能够控制的结果，其实却不一定。

假定你买了一张机打的彩票，我说2元转让给我吧，你可能毫不犹豫就转让给我了。但如果这张彩票不是机打的，而是你研究过往开奖情况，用心选的号码呢？你仍然愿意2元转给我吗？

理论上，两张彩票中奖的概率是一样的，精心挑选过的号码会让人有一种控制感，产生控制错觉，使得在你的心目中，那张精心挑选的彩票会有更高的中奖预期和估值。

（5）事后聪明式偏差：人们惯于充当事后诸葛亮。

如果你听到别人说"我早就说过……"，当心，你可能是遇到事后聪明式偏差了。

以下场景，大家可能都见识过：某天，股票A大涨，有分析师跳出来，自豪地说："我早就说过A股票会涨，请参考我某月某日的股评分析"。事实是，他同时推了股票A、B、C、D、E、F，股票A大涨，其他股票的表现却不怎么样，甚至出现亏损。更有甚者，当时没有表态的分析师，也会觉得自己对股票A大涨进行了表态。

总之，人们会根据事件的结果，夸大和高估自己当初的判断能力。

（6）确认偏差：人们偏好关注支持其观点的证据，忽视与之相左的证据。

还记得谈恋爱那阵吗？对方的音容笑貌、脾气性格、气质谈吐、兴趣爱好等一切都是最好的安排，甚至会爱屋及乌地喜欢对方的父母、对方家的宠物，容不得别人任何的贬低和诋毁。

当你看好某只股票的时候，是否有同样的感觉，发现身边都是对这只股票非常正面的评论，那些所谓负面信息都是无稽之谈。

此时，你需要当心确认偏差的出现，务必提醒自己，任何股票都有它积极和消极的一面，努力使自己客观地去分析与评价。

（7）懒：惰性是很多人亏损的重要原因。

人天生是存在惰性的，懒得关心时政大事，懒得去了解宏观经济，懒得去学习基础知识，懒得去了解具体的投资产品，懒得去思考什么收益与风险，甚至懒得读完这篇文章。而资本市场本身却是瞬息万变、天道酬勤的，每天发生的各种事件和信息，影响着各类投资产品的风险与收益，唯有多接触、勤学习、常思考才能够有机会抓住脉络，跑赢市场。

最可怕的事情是，比你优秀的人，还比你勤快，巴菲特每天用工作和休息时间的80%来阅读（财务报表、报告、杂志、报纸），彼得·林奇每年要访问200家以上的公司和阅读700份年度报告，他们能赢是有原因的。

（8）框定偏差：人们容易被言语影响，做出不同的举动。

相传曾国藩组建湘军，对抗太平天国的初期，吃了一系列败仗，战报中一句"屡战屡败"，眼看免不了要受到天子的责难，有幕僚将此句改成了"屡败屡战"，天子甚为感动，一番褒奖鼓励。由此可见，虽然战争的结果是一样的，但因为汇报言语的不同，会使人产生不同的感觉。

是的，人们容易被言语所影响。下次听到某上市公司的领导侃侃而谈："这些年，我们披荆斩棘，克服了一个又一个困难，取得了一个又一个胜利，……"你也可以会心一笑。

（9）锚定偏差：人们在估值时容易被初始数值所影响。

心理学家设计了这样一个实验。他们将人们分为两组：

问第一组人："您认为圣雄甘地是在9岁之前还是之后去世的？"

问第二组人："您认为圣雄甘地是在140岁之前还是之后去世的？"

最后，再让大家都猜一下甘地过世的年龄。

显然，甘地去世的年龄不可能小于9岁，也不可能大于140岁，第一个问题似乎没有意义。第二个问题的答案却非常有意思，第一组受试者猜测甘地过世的平均年龄是50岁，而第二组则为67岁。显然，第二个问题的答案受到了第一个问题中数字的锚定影响。

在投资过程中，也有无数的数字锚定的影响，有多少人是拿着买入价作为锚定，宁愿巨亏，也不愿及时止损。由此，锚定偏差也是引起损失厌恶的原因之一。

（10）可得性偏差：人们更倾向于被容易获得的信息所影响。

还记得那句"今年过年不收礼，收礼只收×××"的广告词吗？简单粗暴，有人正好在考虑过年带些什么礼品回家，脑袋里飘出这个广告词，然后就买了。

人们更倾向于被容易获得的信息所影响，这也是我们身边充斥着各种各样广告的原因。

你有没有遇到这种情况：手上有点闲钱想投资点股票，一时也不知道买什么，脑袋里冒出某只股票或者基金，也不太熟，可能以前身边朋友提过或者电视里有推荐过，看了看就投了。恭喜，中枪！

（11）过度自信：人们容易对自己的能力过度自信。

如果你听到基金经理或者分析师说他的模型有多么精巧先进的时候，可以回敬他一个尴尬而不失礼貌的微笑。模型越精巧越复杂，人们就越容易过度自信，觉得那么先进的模型，分析和考虑了那么多的变量和市场情境，肯定非常有效，然而，结果还真不一定。

1994年，包括两个诺贝尔经济学奖得主在内的一群华尔街精英，成立了"长期资本管理公司"（Long Term Capital Management：TLCM），模型精准先进自然不在话下，初期的收益也非常可观，后来赶上1998年俄罗斯金融风暴，出现巨额亏损，然后就没有然后了。所以，对于市场，永远要有一颗敬畏的心。

（12）心理账户：人们倾向于把钱按照心理账户进行管理。

你有没有这样一种感觉：同样是消费 1 000 元，如果是某天股票大涨赚来的，花钱就非常爽快；如果是辛苦工作赚来的，花钱就会谨慎得多。这是心理账户的一种：根据收入来源划分账户。

还有一种情况，根据钱的用途来划分账户，比如：这一部分是养老的，那一部分是小孩的学费，还有一部分是生活费。人们会根据这些心理账户，分别来打理各部分资金。

其实，心理偏差也是人之常情，有学者会提出一些议论，这里就不赘述了。

（13）后悔厌恶：人们倾向于随大流，以免由于错误决策而后悔。

大盘蓝筹股和小盘成长股，你会选哪个呢？

大盘蓝筹股和市场波动相关性非常强，如果选大盘蓝筹股，即使出现了亏损，也可以说是市场行情不好，大多数人都亏了，所以亏一点也是正常。

如果选小盘成长股，与市场行情相关性没有那么强，当出现亏损时，大多数人可能还在盈利，投资业绩一排名，就非常尴尬了。

因此，大多数人选择随大流，避免决策以及因错误决策而后悔。如此也容易造成市场的羊群效应和踩踏事件。

投资是一件反人性的事情

其实，早在金融市场出现以前的远古时代，这些心理偏差就已经写入到我们的基因里，帮助我们的祖先在恶劣的自然环境中更大概率地存活。

在此，以损失厌恶为例：人们对于损失往往记忆深刻，极力规避。假设，我们的祖先在森林里行走，与熊相遇，捡回一条命，因此记忆深刻，下一次出行，他会尽量避免与熊正面相遇。而没有这个心理偏差的祖先，则可能忘记风险，再一次与熊正面相遇。如此反复，存在这种损失厌恶心理偏差的祖先更容易存活，并把存在心理偏差的基因传递给后代。

然而，金融市场不是原始森林，在原始森林里曾经管用的救命基因，在金融市场中却可以产生前面所描述的一系列负面作用。所以，我们经常会听到资深投资者感叹，投资是一件反人性的事情。

如何克服投资上的人性弱点？

要想投资获利，我们必须克服这些人性上的弱点。具体怎么做呢？笔者在此给出三点建议：

首先，务必经常有意识地提醒和检视自己，看自己是否陷入某个心理偏差，正如苏格拉底所说："没有检视的人生不值得活"。

其次，对于市场时时刻刻要有一颗敬畏的心，制定投资纪律，严格执行。

最后，借助外力，经常向身边专业的朋友或者投资顾问请教，请他们监督指正，机构里可以设风控岗来专门监督这个事情，也有人会把钱交给专业的基金经理甚至计算机（量化交易）来打理。

当然啦，道理和方法说起来都非常简单，但反人性的事情执行起来却是困难重重。也许，投资本身就是一种修炼吧，顺其自然，慢慢进步。

资料来源：黄志龙. 为什么说成功的投资都是反人性的？[EB/OL]. (2018-03-12). http: //www.so-hu.com/a/239577188_100064034.

银行理财产品数以万计，如何挑到一只靠谱的？

A君是我的朋友，一线城市码农一枚，工资高、奖金高，也曾跟着千军万马杀入股市，可惜入市五年，三次被割，待资深韭菜身份确认后，终于铩羽而归，老老实实买起了银行理财产品。

最近，A君刚发了年终奖，但迟迟没有下手，有天找我吐槽说"以前总是闭眼买理财，现在好担心自己买了个假理财，或是买了个违约的理财，好怕自己被韭菜再次附身，都不知道年终奖放哪好了。"

听完A君的吐槽，我才发现，现在买银行理财有四个不得不考虑的问题，这决定了你买到的是不是一只靠谱的银行理财产品。

问题1：银行理财打破刚兑了？

A君说："以前经常买银行保本理财，虽然收益率比其他银行理财低了一些，但至少本金有保障。现在身边的一些同事跟我说，以后银行理财都不保本了，这到底是怎么回事？以后还有保本理财可以买吗？"

银行保本理财确实要退出历史舞台了。这个事情还要从2017年发布的《关于规范金融机构资产管理业务的指导意见（征求意见稿）》（以下简称《征求意见稿》）说起。它对银行理财最大的影响就是要打破刚性兑付。

以前的银行理财分为保本型理财和非保本型理财，前者风险较小，因为银行会按期兑付，等于是银行信用在担保。现在的银行理财产品，不允许保证收益。但从实际情况来看，大部分固定收益类的产品基本上都会达到预期收益率。所以，对于投资者而言，银行理财确实是低风险高收益的产品。

不过，资管新规不会马上执行，银行有一年半左右的过渡期去调整，短期来看，银行理财产品的变化不会很大。中长期来看，未来银行理财产品会向净值化产品转型，类似于我们现在买的公募基金，收益率会随市场波动。

举个例子，假设A君买入某银行净值型理财产品的价格是1元，这个理财产品最终投向了各类债券，债券的价格上涨了，产品净值可能涨到了1.03元，收益率就是3%。但如果债券价格下跌了，产品净值跌倒了0.98元，收益率就是−2%，所以不再像以前固定的收益类理财产品那样——预期1年有5%的收益率，到期的实际收益率还是5%。

从2017年开始，银行理财市场已经发生了一些变化，2017年银行理财存量规模达到28.88万亿元，较2016年的29.05万亿元减少了0.17万亿元，这也是理财规模首年出现下降。同时，银行2017年发行的净值型理财产品达到1 183款，较2016年同期增加了756款，同比增长56.48%。银行理财的转型过渡期正在进行中。

所以，请珍惜现在购买银行保本理财产品和非保本理财产品的机会，你可能一不小心就买了个绝版理财产品。

问题2：混淆发行与代销

A君疑惑的第二个问题是：他在C银行的手机APP上挑选理财产品，结果发现，同是1年期的理财产品，有的收益率只有4.8%，有的收益率却达5.3%，差别怎么这么大？

我仔细看了一下，原来C银行代销了很多其他银行的理财产品，比如D银行是一家农商行，1年期的理财收益率有5.1%；E银行是一家城商行，1年期理财产品收益率有5.2%；F银行和C银行都是全国性股份制银行，但F银行的1年期理财产品收益率比C银行还高出了0.2个百分点，达到了5%。

不同银行发行的理财产品的收益率存在差异，与资产端关系不大，因为这些理财产品的投向大同小异，基本都是货币市场和债券市场。所以理财产品收益率的差异，一方面与理财产品发行银行的规模、评级等因素相关，规模大、信誉度高的银行，理财成本收益率相对更低；另一方面与不同银行对资金的需求程度不同相关，银行理财可以看成存款的替代，所以在存款获取难度较大时，银行会提高理财产品的收益率来间接获得存款。

所以，A君要弄清楚自己买的是这家银行自己发行的产品，还是代销的其他银行的产品。事实上，银行除了代销他行理财外，还会利用本行的渠道、人员去销售其他金融机构的产品，包括基金、保险、信托、券商资管计划等，这些在购买理财产品之前都需要分辨清楚。

对于银行理财，每个理财产品都有专门的登记编码，读者可以通过"中国理财网"进行查询，加深对这一产品的了解。

问题3：收益率之困

A君说，"理财产品的收益率有很多说法，比如买的宝宝类产品，常常会说是7日年化收益率，而自己常买的银行理财产品，基本上就直接写预期收益率5%，另外有些理财产品会写一个收益率范围，比如2%~7%，这期间会有什么差别呢？"

首先，这些收益率的表述都是用年化的方式，便于比较，而非实际投资期限内的收益率。比如6个月的银行理财产品，年化收益率为4%，那如果持有6个月到期后，实际持有期的收益率只有2%，投资1万元，持有1年能得到400元的利息，但因为只持有了半年，所以实际利息是2%，千万不要以为6个月到期后，就可以得到400元的利息。

其次，对于宝宝类产品，因为其产品收益率是随市场利率波动的，所以会经常调整变化，一般都用7日年化收益率来表述，如果持有了1年，从目前的水平看，大概在4%。

最后，结构化理财产品一般会有一个收益率范围，风险相对较高，收益率波动幅度较大。通过一定的保本策略，结合金融衍生品，结构性产品的收益一部分固定，而另一部分则与其挂钩资产的业绩相关联。比如C银行的一款结构性理财产品，挂钩的标的是沪深300指数，收益率最高是7%（参见下表）。

C银行沪深300挂钩（看跌跨价）3个月结构性人民币理财产品

发行人	C银行	币种	人民币
收益类型	非保本浮动型	业务模式	自营，信托
投资范围	固定、货币市场、非标、金融衍生工具	挂钩标的	沪深300指数
预期年收益率	2%～7%	付息方式	到期支付
保本比例	0	封顶收益率	7.00%

虽然结构性理财产品有可能获得更高的收益率，但其产品相对更为复杂，收益率不确定性大，有可能出现实际收益率小于预期收益率的情况。总结2017年以来发行的13.89万只银行理财产品可以发现，有1 574只理财产品的实际收益率小于预期收益率，其中，结构性产品较多。所以，大家如果要投资结构性产品，也要充分认识到其收益率的不确定性。理财产品实际收益率和预期收益率比较（参见下图）。

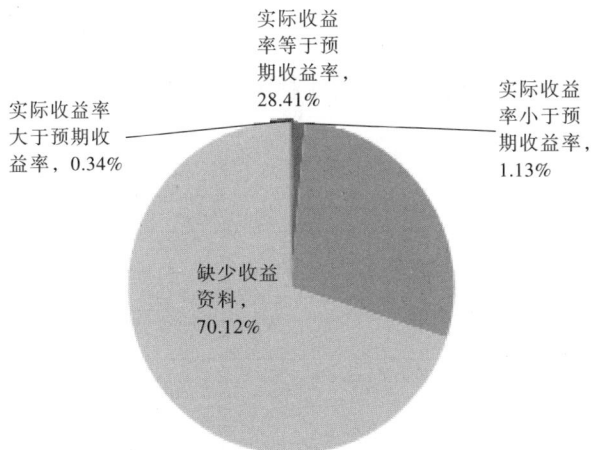

总结下来，看到7日年化收益率，说明它的年化收益率是随市场不断变化的，可能今天是4.2%，明天就变成了4.3%，大家不要感到奇怪。对于一般银行理财，如果一年期的产品标注了预期收益率是5%，大概率全年的实际收益率就是5%，比较稳定，但要记住收益率都是年化的表述方式；而对于一些收益率有区间范围的，多是结构性产品，不要总看着最高能获得多少收益率。

问题4：银行理财的真实收益率是多少？

A君问："最近有很多短期产品收益率很高，非常诱人，是不是值得去买呢？"

事实上，银行理财的收益率不能只考虑产品期限，还要考虑产品的募集期（认购期）。不知道大家有没有注意过，一般银行理财产品的募集期都有一周左右，同时到期后一般会在1~2天内到账，所以，时间成本会影响理财产品实际收益率的高低。

假设C银行有A和B两个理财产品，收益率同为每年5%，其中，A产品的期限为60天，B产品的期限为180天，两款产品的募集期都是7天，到底哪个产品的实际收益率高呢？

初看之下，似乎是选择产品A更为合算，因为二者的预期收益率相等，但产品B期限更长，所以很多人会选择产品A。

但如果我们考虑募集期的因素，就会发现短期产品的收益率将被稀释。产品A考虑募集期后，实际收益率仅有4.47%，小于产品B的实际收益率。同时，产品的期限越短，被募集期稀释的影响就越大，如果是30天的产品，实际收益率仅有4.05%（参见下图）。

产品A：实际预期年化收益率=5.0%×（60/67）=4.48%

相信A君面临的问题，也是很多人在购买银行理财时面临的问题。其实，对于投资理财，了解自己的投资需求永远是最重要的，比如，投资金额的多少，目标收益率的多少，投资期限的长短，能承受的最大风险的多少。清楚了这些问题，还要考虑到"高收益总是与高风险相伴而生"，综合这些因素来选择一款最合适自己的理财产品才是最重要的。

资料来源：赵卿．银行理财产品数以万计，如何挑到一只靠谱的？［EB/OL］．（2018-02-11）. https：//baijiahao.baidu.com/s？id=1591921587451663515&wfr=spider&for=pc.

高手带路！曝基金理财独门秘技，简单易懂

在薪资跑不赢物价的年代，不少朋友希望通过基金理财的方式进行资产保值增值，然而，笔者与他们聊天发现，很多人连基金的一些基本概念都不懂，却出手阔绰。在此，有必要解析一下基金的有关概念，如果这些概念都没搞明白，还是别买基金了吧，因为说不定哪一天，你的投资就打水漂了。

什么是基金，有哪些种类？

简单来说，基金就是投资者把自己的钱交给一个专门的管理者（基金公司或基金经理），由他们来帮助自己选择投资工具。

基金种类从发行方法上来说，主要有两种：公募基金和私募基金。公募基金与私募基金的差别下文将细说。我们通常所说的基金一般是指公募基金，公募基金又分为股票型基金、混合型基金、债券型基金、指数型基金、保本型基金、

QDII、LOF、ETF基金、开放式分级基金、货币基金等。

买股票型基金和买股票有啥区别？

对于这些基金的区别，下文将通过介绍股票型基金来说明：股票型基金指的是投资于股票的资金不少于整个基金全部资金60%的基金类型；债券型基金指的是资金主要投资于债券的基金；指数型基金指的是这个基金是跟踪某个指数的；其他类型的基金的界定也基本类似。

都是投资股票，买股票型基金和买股票有什么区别呢？

首先，买股票型基金是让基金经理帮你去买股票，虽然基金经理未必比你专业，但至少基金经理比大多数人要专业，买基金拼的就是基金经理的专业水平。

其次，大多数散户可能只买一只或几只股票，如果某只股票大跌，可能就会造成较大的资产损失。而股票型基金基本都是亿元，甚至百亿元的规模，如果一次多买几只的话，能充分分散风险。

最后，购买基金的价格是采用基金的单位净值，不受基金的申购、赎回和买卖数量的影响。而买卖股票的价格是股票的市价，不仅跟公司盈利相关，也会受到买卖数量和市场等因素的影响。

公募基金和私募基金的区别在哪里？

通俗来说，公募基金走的是群众路线，没有投资门槛，1元就可以购买；发起方可以公开叫卖、到处散发小广告；投资者最少要200人，低于200人就无法构成公募基金。

私募基金走的是高冷路线，不允许在公开场合叫卖，只能在私下推广，而且投资者的人数不能超过200人。最为关键的是，私募基金的投资门槛较高——近3年的平均年收入超过50万元或者金融资产超过300万元才有资格购买私募基金，而且购买私募基金的资金一般至少要100万元以上，要不然，人家私募基金经理都不爱搭理你。

既然私募基金比公募基金的门槛高这么多，那私募基金的收益率一定比公募基金高吗？现实是不一定！

公募基金受到的限制较多，不是想买什么就买什么，也不是想买多少就买多少。私募基金受到的限制较少，私募基金经理的自由权也更大，这就导致私募基金可能取得更高的收益，也可能出现更大的亏损。

如下图所示，2016年很多私募基金出现了超过50%的亏损，其中不乏私募大佬管理的私募基金。

基金简称	净值日期	单位净值	成立日期	投资顾问	今年以来收益率%
东方-乾朗金石成长策略	2016-11-25	0.4447	2015-03-20	乾朗投资	-69.21
柚子新起点	2016-12-02	0.5280	2015-08-14	柚子投资	-60.80
神奇1号	2016-12-02	0.3508	2015-04-03	沈琦资产	-59.45
加峰涨之势1号	2016-12-02	0.4380	2015-04-17	加峰投资	-57.72
中山165	2016-12-02	0.6953	2015-06-23	中山证券	-55.07
天马一期	2016-11-18	1.4465	2011-11-21	天马时代	-54.11
倚天雅莉4号	2016-12-02	0.3966	2014-12-03	倚天投资	-52.74
粤财信托-穗富1号	2016-11-30	0.9683	2013-09-05	穗富投资	-51.53
粤财信托-穗富3号	2016-11-25	0.7202	2014-10-13	穗富投资	-50.60
辛戈1号	2016-11-25	0.6330	2015-08-12	辛戈投资	-49.40
证研二期	2016-12-02	1.2400	2014-11-14	证研投资	-48.89
盈舞一期	2016-11-07	0.2720	2015-06-03	盈舞投资	-48.48
金泉量化成长1期	2016-11-30	0.5470	2012-02-08	哲灵投资	-47.49
倚天雅莉3号	2016-12-02	1.7084	2014-09-09	倚天投资	-47.28
中融信托-天马时代二期	2016-11-30	0.4789	2015-01-04	天马时代	-46.77
外贸信托-上投摩根消费成长3号	2016-11-25	0.8198	2014-12-08	上投摩根	-46.27
华润信托-德源安1号	2016-11-30	1.6863	2009-05-27	德源安	-45.16
贝成滚雪球1号	2016-11-30	0.3214	2015-01-07	贝成投资	-45.09
乾元泰和复利1号	2016-12-02	0.6704	2015-04-20	乾元泰和	-44.64
君泽利混合共赢	2016-12-02	0.5550	2015-08-27	君泽利投资	-44.39

此外，私募基金和公募基金的收费也不相同。公募基金一般只有基金管理费，这个费用主要根据基金的规模来确定。私募基金除了固定的管理费，一般还要求将盈利分成的20%左右给基金经理，相当于业绩提成。

最后，强调一下，如果您是高净值人士，想投资私募基金，一定要选择在基金业协会备案过的私募基金，那些没有备案的私募基金千万别买，说不定哪天就跑路了。

买基金首先要参考单位净值

上面说的都是基金类型之类的概念，下面来介绍一下与您购买基金价格、收益等有关的几个概念，把这些概念弄清楚，是投资基金的前提。

基金单位净值指的是每份基金的单位净资产价值，比如某个基金的单位净值是1.3元，也就是说你在买一份这个基金的时候需要花1.3元。基金在首次募集的时候单位净值都是1元。

在买基金的时候，基金净值是高好还是低好呢？

实际上，单位净值只是购买基金的一个参考指标，不能看绝对值的高低，即净值1.5元的基金和净值1.8元的基金不具备可比性。投资基金关键看历史业绩的整体表现，如果某个基金成立10年，成立以来无分红、无拆分，净值只有1.8元，那就表明这个基金做得很烂。像有一些爱分红的基金，看起来单位净值只有1元出头，但其实表现很稳健。

因此，购买基金除了看单位净值，还要看成立时间，同时看看历史分红情况，历史情况很重要的一点就是看看历史业绩是不是现任基金经理做出来的。

累计单位净值是指当天的单位净值加上基金成立后的累计单位派息金额，比如，基金某一天的单位净值为1.826元。当天第一次分红，每份基金分红0.174

元，那么当天的单位累计净值就为：1.826+0.174=2（元）。

累计单位净值有助于了解基金历史表现

与单位净值不同，基金还有个累计净值的概念。累计净值反映基金自成立以来的全部收益，包括基金分红、基金拆分在内。举例来说，如果某只基金发行时候的面值是1元/份，涨到2元/份的时候，如果每份分红5角钱，单位净值是1.5元/份，但累计净值还是2元/份。

有了单位净值为什么还要有累计单位净值这个概念呢？这主要有这样两个原因：

首先，累计单位净值有助于投资者了解这个基金的历史业绩表现。比如一个基金经理水平特别高，将基金净值从1元/份做到累计净值10元/份，但是中间分过很多次红，现在的单位净值只有3元/份，但累计净值还是10元/份。那这个基金跟单位净值和累计净值都是3元/份的基金相比，明显要好。另外，累计净值还能帮助你识别哪个基金经理优秀。如果基金在某个基金经理管理期间，累计净值上涨很多，就说明这个基金经理很厉害。

其次，累计净值可以直观观察投资收益率。比如，你在单位净值1元/份购买基金，选择红利再投资方式，假设该基金做过几次分红，分红后的单位净值是1.3元/份，累计净值是1.5元/份，此时，你的投资收益率为50%，而不是单位净值所体现的30%。

因此，基金累计净值能够比较直观和全面地反映基金在运作期间的历史业绩。

基金分红有几点常识需知晓

与股票一样，基金也有分红的概念。举例来说，假如你买了10 000元的基金，净值涨到了 15 000 元，基金公司分给你 3 000 元后，净值回到 12 000 元。

基金分红主要根据基金产品的合同确定。有的基金规定在满足什么条件下必须分红；有的没有硬性规定，由基金公司根据市场自行决定。

一般来说，在牛市的时候，基金业绩非常好的情况下，基金公司可能会通过卖掉部分股票，将卖股票所得到的现金以分红的形式返还给投资者。这样，一方面降低了基金的规模；另一方面通过给基民现金分红的方式减轻一些赎回压力。

至于基金给基民的现金分红，基民可以选择取出现金，也可以将分红资金追加购买基金，这种情况就叫红利再投资——即把基金分红自动换成相对应的基金份额，继续投资。

值得提醒的是，投资者平时购买的余额宝、零钱宝之类的宝宝产品，所对应的货币基金都不用考虑这些概念，只需要看每万份收益高低就好。

总体而言，基金产品是一种风险适中、收益适中的投资产品，非常适合投资者进行长线投资，尤其是通过定投的方式进行基金投资，往往能取得不错的收益。当然，在选择基金时也要根据上文所提到的这些概念和注意事项，进行认真细致的挑选，专业、靠谱是最重要的！

资料来源：石大龙. 高手带路！曝基金理财独门秘技，简单易懂［EB/OL］.（2018-04-03）. http：// www.sohu.com/a/131533910_371463.

打新可转债不懂这些套路，100% 亏钱

这两年，很多股民通过打新股赚了不少钱，例如，2017 年中了新股吉比特

的股民，中一签就能赚16.7万元。而在2017年下半年，证监会放松了可转债的申购条件，只要是股民就可以申购可转债。

相对于股票的家喻户晓，很多人对可转债还不熟悉，甚至把可转债当作新股来打。

殊不知，可转债与股票是两个差别很大的投资品种。近期如果你中了新可转债的话，很容易就出现亏损，而不是跟新股一样，只要中了肯定能赚钱。

那么，可转债是什么投资品类呢？如何进行投资操作呢？下面就进入科普时间，给大家讲一讲。

什么是可转债？

可转债是指在一定条件下，可以被转换成股票的债券。可转债的持有人有3种选择：

（1）持有债券到期，获取固定利息；

（2）直接卖掉债券，享受买卖差价收益；

（3）选择在约定的时间内转换成股票，享受股利分配或者股价上涨带来的资本增值。

从这个意义上来说，可转债具有债性、股性和可转换性三类性质。

举个通俗的例子，假设隔壁老王家开了养鸡场，但是生意不好。有一天，老王想了一个办法，他跟老李说，他家的母鸡100元一只出售。同时双方约定，在某个日期，老王以100元/只的价格回购母鸡；在这个日期前，老李可以用1只母鸡换4只公鸡（当前公鸡的价格是25元/只）。出售后，母鸡下的蛋归老李拥有。

在这个例子中，母鸡就可以看成可转债，公鸡就是发行可转债公司的股票，母鸡下的蛋就是持有可转债的固定利息。

可转债如何操作？

前面说了，可转债的持有人有三种选择：

第一种选择是持有债券不卖，持有至到期，享受固定利息，到期归还面值。

接着我们上文的例子，就是老李一直保留购买的母鸡，享受母鸡下蛋的收益，然后到期后，老李再把母鸡以100元的价格卖给老王。不过持有可转债到期的收益率较低，例如，近期发行的蓝思转债持有至到期后，年利率只有1.8%。

第二种选择是购买可转债后立即卖给别人，享受可转债的价差收益。

例如，老李以100元购买了老王的母鸡后，再以120元卖给老张，这样老李就享受了20元的价差收益。当然，这必须要在某个时间点，即母鸡的价格要高于100元的购买价，才能实现收益。

而近期，大部分新发行的可转债在上市后，都会从100元迅速下跌，例如，12月上市的嘉奥转债上市3日内从100元跌至95元，跌幅高达5%。所以，以后有新的可转债上市，不建议大家去申购，基本上中了就会出现亏损。

第三种选择是在约定的时间内转换成股票，享受股利分配或者股价上涨带来的资本增值。

还是拿母鸡、公鸡的例子来说。如果市场上的公鸡价格下跌到小于25元，比如20元，这个时候老李会怎么选择呢？如果老李脑子正常的话，肯定不会将母鸡换为公鸡，因为如果他换的话，100元的母鸡只能换4只单价20元的公鸡，这样就要亏损20元（100-4×20）。如果市场上公鸡的价格上涨到高于25元，比如30元，这个时候老李肯定会选择将母鸡换成公鸡，因为4只公鸡价值120元，而母鸡的价值只有100元。

以上就是可转债的操作过程啦，我们再来梳理一下：

隔壁老王=发行可转债的公司；

老李=股民；

母鸡=可转债；

母鸡下的蛋=债券利息；

公鸡=老王公司的股票。

总体来说，在牛市的时候，由于股票的价格会上涨，这时候可转债有比较大的投资价值；在熊市的时候，由于股票的价格会下跌，可转债的投资价值就不大，甚至会给投资者带来一些亏损，这时候不建议投资者购买或者申购可转债。

当然，我们上面说的是可转债的一些基本的理论与实践知识，案例也相对简单。实际上，上市公司在发行可转债时，通常还会设置很多耍赖条款。比如，提前赎回条款、下调转股价等。

以提前赎回条款来说，假设老王在卖母鸡的时候跟老李约定，如果公鸡的价格将来高于50元/只，老王有权以110元的价格赎回卖给老李的公鸡。这样老李就只能享受10元（110-100）的价差收益和持有期间的利息收益，而不能享受转换成公鸡的收益100元（50×4-100）。

其他还有很多类似的耍赖条款，由于比较复杂，我们不过多赘述，如果大家有兴趣，可以给"苏宁财富资讯"订阅号后台留言交流。

资料来源：石大龙. 打新可转债不懂这些套路，100%亏钱［EB/OL］.（2018-04-03）. http：//money. eastmoney.com/news/1282，20180125825610236.html.

年轻人，
别老想着理财致富

当你看到类似《我终于通过这个理财方程式赚到了第N+1个10万！》《做好

这几件事，你能躺着赚钱》等文章标题时，内心是不是很激动？是不是成功地勾起你的理财致富梦？如果你恰好又是一个年轻人，不妨读一读本文，对你也许会有帮助。

挣多少钱才可以不工作？

一句"你不理财、财不理你"激发了国人对投资理财的热情，不断地有鸡汤文苦口婆心地教人如何通过理财成为人生赢家。最经典的案例就是年金复利投资带来的震撼效应，先看看以下4种情景：

情景一：每年存1万元，年收益率5%，连续20年，可以得到多少钱？答案是33万元。

情景二：每年存1万元，年收益率10%，连续20年，可以得到多少钱？答案是57万元。

情景三：每年存10万元，年收益率10%，连续20年，可以得到多少钱？答案是573万元。

情景四：每年存10万元，年收益率20%，连续20年，可以得到多少钱？答案是1 867万元。

看完这4个情景，相信很多人是心潮澎湃的。情景一还没什么，33万元不那么打动人。为了得到更好的结果，我们幻想着通过节衣缩食、努力工作把年理财金额提到10万元，同时寻找一些高收益的产品，达到情景三，573万元。这是个相当高的数字，很多人已经满足于此了。然而，贪婪永远是人的天性，还有一部分人认为自己可以找到收益率更高的项目，从而达到情景四，1 867万元，这样，20年后可以不用工作了。

当把理财的时间拉长，我们发现收益率的些许差异会被时间放大，激励着人们不断去冒险、去寻找高收益的项目。

理财致富的真相在本金

通俗地讲，所谓理财，本质上就是钱生钱的过程。理财有两要素：本金和收益，大家关注的重心在收益，计较于收益率的高和低，孜孜不倦寻找高收益产品，不经意间，忽略了本金的重要性。就像一个人不停地在数字后面加0，一直没发现0前面原来没有1。

就绝大多数人而言，会不会理财，体现在收益率上，一般也就差个5%。我们来看看，这5%的差异会怎么改变你的生活。

本金1万元，一年相差500元，改善不了生活；本金10万元，一年相差5 000元，依然改变不了生活；本金100万元，一年相差5万元，算一笔小钱了。很多人认为可以改善生活了，问题是，对于百万元资产的人而言，多了5万元依然改变不了生活。那些认为可以改善生活的人，恰恰没有百万元的本金，5%的收益率对他们而言，带来的只是500元或5 000元的差异。

看清楚问题的本质了吗？理财致富的真相在本金，本金太低，连复利和高利率都帮不了你。而本金高的人，早就已经致富了。基于此，理财致富是个伪命题。

本金不够，能用杠杆凑吗？

本金的重要性不言而喻，对年轻人而言，最缺乏的恰恰是本金。不过，年轻人不缺冒险精神，本金不足，杠杆弥补，一些人开始尝试杠杆理财。

理论上，只要负债的成本低于投资的收益，杠杆理财就有得赚。

很多人觉得杠杆理财有点夸张了，但其实现在还挺普遍的。下面简单举两个例子。

P2P杠杆理财。很多P2P平台曾推出"安全标"产品，借款人是平台投资人，以其在平台的投资资产为质押，发出低利率（8%～9%）借款标的。满标后，借款人不提现，在平台上选择更高收益率（一般为14%以上）的产品进行投资，稳赚利差。然后，借款人还可以以新的投资标的为质押，再次发行"安全标"，重复这一过程，一般可以实现3～4倍的杠杆。

最大的风险是什么？期限错配带来的现金流风险还只是小问题，平台的倒闭才是大问题。3～4倍的杠杆，投资人真的扛得住吗？

杠杆炒股。这个相信大家都不陌生，2017年的牛市就是杠杆上的牛市，又称"杠杆牛"。相对于P2P杠杆理财，杠杆炒股风险最大。但其真正吊诡之处在于，很多人明明在冒险，却自认为资金很安全。当一个人头脑发热时，唯有冰冷的现实可以叫醒他。疯牛转疯熊后，很多人平生第一次体会到什么是欲哭无泪。

年轻人，切莫辜负好时光

理财致富需要有大额本金，年轻人缺的就是本金。杠杆理财的歪主意想想就好，理财带来的是收益，杠杆借款面临的则是持续的还本付息压力，不要高估自己的承受能力。前一阵子因校园信贷跳楼的大学生，就是前车之鉴。

年轻人，趁年轻，做点正经事，莫要因追逐点滴利息而辜负了大好青春。那什么是正经事呢？

一是努力工作，提升自身人力资本。这个道理大家都懂，不再啰嗦。

二是保护好你的本金。少赚5个点不可怕，可怕的是盲目进行高风险投资，把本钱给搭进去。现在，人人想理财，贪婪而无知，滋生出各式各样的诈骗手段。只要你贪婪，不怕你不中招。

三是正常花钱消费。趁年轻，有空闲，要学会享受生活。很多事情，不要等有钱的时候再做，那个时候，你将没有时间，而且心境也完全不同了。更不要为了攒钱而过苦行僧的生活，钱是靠工作赚的，而不是靠节俭攒的。当然，铺张浪费要不得。

最后，再说句明白话。投资理财暴富的机会是有的，房地产就是最好的例子，知名企业的 A/B 轮融资也是很好的机会。问题在于，这些投资机会都有很高的门槛，未到门槛前，请踏踏实实做该做的事！

最后，祝大家好运！

资料来源：薛洪言. 年轻人，别老想着理财致富 [EB/OL]. (2018-05-19). http://www.sohu.com/a/159534990_99960627.

惯于投机的人 为何常常看不到风险

过去的一年，P2P 无疑是典型的高危投机行业，一串接一串的跑路、一个接一个的经侦介入、百亿元接百亿元的兑付危机。在一般人的印象中，投资人对这个行业应该是敬而远之的。然而事实证明，我们还不够了解投资者，也不够了解国人的投机天性。

最新数据显示，截至 2016 年 5 月底，网贷行业的贷款余额达 5 758.84 亿元，环比增长 5.12%，是 2017 年同期的 2.98 倍；5 月当月成交额达到 1 480 亿元，再创历史新高。对此，苏宁金融研究院高级研究员薛洪言认为，当前 P2P 市场的活跃程度，像极了去年的杠杆牛和今年的房地产市场。这一现象的背后，反映的不是风险问题，而是投机心理问题。

奇怪的现象：高风险投资潮汹涌

在2017年的牛市中，有两个群体曾经所向披靡，却也毁誉参半，有人说他们是善于借势的高手，也有人称他们是无知无畏的"韭菜"。其中一个群体是涨停板敢死队，他们甚至连缩量涨停和放量涨停都不了解，凭借着"涨停必有其道理"的朴素理念见涨停就追。还有一个群体是股票配资客，1倍杠杆、2倍杠杆、5倍杠杆甚至10倍杠杆，把炒股变成了炒期货。当然，还有更多的人，包括你和我，低点的时候犹豫不决，点位越高、信心越足，买入卖出，忙得不亦乐乎，浑然不知风险将至。

持久火爆的楼市中，除了大批的房奴，也踊跃着一大批投机客。他们普遍持有一套以上住房，居住的基本需求解决后，沿着马斯洛的需求金字塔开始投资购房。与一般的认知不同，他们并不是真正的有钱，就是普通的工薪阶层，要么与亲戚朋友合伙购房、要么凑首付到处贷款购房、要么众筹购房，每天吃糠咽菜挤地铁，只为搭上房市这艘大船，圆一个炒房致富的梦想。

在庞大的P2P投资大军中，还有这么一群人，他们让所有的平台闻风丧胆，所到之处，毛也不剩，江湖称之为羊毛党。他们有的单兵作战，有的形成了组织，每天泡在网贷论坛中，对各大P2P平台的优惠活动如数家珍，一拥而上地偏好新平台和新手优惠标，快进快出，月入几万元甚至几十万元。他们光顾过的平台，有些因被过度薅羊毛破产倒闭，所以有人称他们是初级的金融诈骗犯，而他们是谁？他们不是谁，他们是追逐高收益的你我他，你只看到他们薅羊毛的风光，没看到他们也会因薅羊毛误入诈骗平台而成为受害者。

内在的逻辑：羊毛党都赚钱了

作为一个局外人，耳闻羊毛党的故事，难免认为他们在刀口舔血，都是刀锋上的舞者。而在他们自己看来，他们从事的是低风险的事业，稳赚不赔，只是要多花些心思和精力，比一般人辛苦一些。

他们的逻辑是什么？因为有人这么赚过钱，赚了好多钱，而且不是一个人，是一批人；不是一时，是好多年。

可不是嘛，牛市未结束前，追涨停的、配资炒股的都赚了大钱。别人10倍杠杆，一个涨停就翻倍；我保守一些，3倍杠杆，一个涨停赚30%行不行？

炒房团更是不灭的神话，听过很多故事，老公辛辛苦苦办企业赔钱，反倒是天天逛美容院偶尔炒个房的老婆赚了大钱养了家。我省吃俭用多买套房等升值，难道有错吗？房地产升值的财富人人有份，我为何不能炒房？

P2P行业中的羊毛党据说很厉害，有很多高科技的"薅羊毛绝技"，月入数十万元不是梦。我是个胆小的人，也没那么多本钱，只不过比别人多花点工夫研究新平台和新手标，多赚个三五元而已，犯得着上纲上线吗？

是的，他们的逻辑就是，他们没有冒险，他们只不过善于把握机会，他们才是风口上的猪。从过往的历史和周围人的经验看，这么做一直是赚钱的，风没有停的意思，干嘛不多飞一会呢。

注定的悲剧：感恩节前的火鸡

讲了这么多，以一个故事收尾吧。《黑天鹅》的作者曾提出一个火鸡理论，很适合在这里分享。他讲到：

一只火鸡被屠夫喂养了1 000天，每增加一天，在火鸡看来，屠夫对火鸡的爱的"统计置信度都与日俱增"。基于过去的经验，火鸡推断，屠夫是爱自己的，否则不会日复一日地喂饱自己、照顾自己。所以，自己目前所处的环境是稳定和安全的，并会持续下去。然而，到了感恩节的前几天，火鸡的生命中出现了黑天鹅，才发现，原来自己是被养来吃肉的……

天下没有免费的午餐。这是一句足够浅显的话，浅显到没有人会注意到其内在的深刻含义。那些刀锋上的投资者（投机者），何尝不是一只火鸡，在时间的长河中，日复一日地经历着资产上涨或还本付息的生活，他们固执地认为未来也一样。但他们不知道的是，每个人，或早或晚，都会遇到一个属于自己的"感恩节"。

最后，祝你们好运！

资料来源：薛洪言. 惯于投机的人为何常常看不到风险 ［EB/OL］. （2018-06-05）. http://ucwap.if-eng.com/vampire/vampire/news？aid=109851612&p=1.

后 记

提到"欺诈",每个人都有警觉。

生活中，我们或多或少都接触过一点与"欺诈"有关的东西。这些年，坏人的骗术层出不穷，骗人的手段花样百出，从中奖短信诈骗到网络贷款诈骗，从银行卡被盗刷到二维码支付被套路，许多人在懵懵懂懂间落入骗子精心设计的陷阱，遭受财产损失。

伴随着互联网金融欺诈套路的增多，反欺诈的能力也在不断增强。身处互联网金融行业的我们，见识了形形色色的金融诈骗手段，每日都在与网络骗子斗智斗勇。

在这个过程中，我们发现，大众对于"金融欺诈"的防御能力是比较弱的。除了经常在报纸上、电视里看到的那些常用诈骗手段，大家对于新型的互联网金融诈骗手段敏感度低，往往在骗子的一步步诱导之下掉入圈套。

为此，我们有一个心愿，希望把自己在日常工作中看到的、接触过的反欺诈手段，汇总成一部"反欺诈宝典"，让大家对金融欺诈的手段有个比较全面的了解，做到"知己知彼，百战不殆"。

还记得"人行征信报告"在网上大热的时候，很多人都不太会读征信报告，甚至对报告的内容一无所知。于是，我们结合日常工作中对人行征信报告的分析，总结出了适用于大众的征信报告解读方法，并发布到"苏宁财富资讯"微信公众号以及知乎专栏等平台上。一时间，引来众多读者阅读和点赞。文章的阅读量和转发量让我们备受鼓舞，更加坚定了要把"反欺诈宝典"编写成书的心愿。

为了研究互联网金融欺诈案例中的细节，我们深入到苏宁金融集团风险管理部门，起底了黑色产业不为人知的秘密，梳理了"消费陷阱""支付陷阱""理财陷阱"，并有针对性地结合不同场景中的欺诈案例，以图文并茂的形式，给出反欺诈的路径与方法，切实帮助广大读者保护个人财产安全与信息安全。

在深入业务的过程中，每一次技术进步，都让我们振奋不已：大数据式追债，让老赖无可遁形；关系网络布下天罗地网，让欺诈中介现原形；生物特征对比，解决了身份识别问题，攻破了"证明你就是你"的难题……

回望这一年，汗水与笑容恣意挥洒，我们要特别鸣谢苏宁金融集团风险管理部门为本书提供的案例素材和业务背景支持。

更要鸣谢看完此书的读者。您的关注与陪伴，是我们进步路上的灯火，愿您：万事顺利，阖家安康！

苏宁金融研究院

2018年9月